쓰다

보다

말하다

김태권 에세이

권두언

　세상의 모든 것들을 한 번에 똑 떨어지게 담을 수 있는 글이나 그릇은 없다. 하지만 최선을 다하여 질 좋은 것들을 많이 담을 수 있게 해야 하는데, 그릇의 크기는 한계가 있으니, 우선 쓰고, 보고, 말해야 할 것 같다.

　무엇을 보는지가 중요한 것이 아니라 어떻게 보는가가 더 중요하다고 보면서 글이라고 써 놓고 보면 이 표현이 맞는지 스스로 말을 해 본다.

　내가 쓴 글은 내가 보고 말하면 편견이 따른다고 한다.

　그래서 다른 분들에게 문의하니 잘 써진 글들의 모임이라고 책으로 엮어 보자고 하여 용기를 내어 기록으로 남기고자 한다.

　혹시 읽으시는 분이 계시다면 재미를 공유하고, 내용을 평가하시리라 믿으며, 글쓰기를 오랜 세월했으니 취미삼아 썼더라도 그 속에 무엇인가는 녹아 있다고 본다.

2023년 충남 청양에서
김태권

목차

마음	9
관광버스의 체험	10
그래도 되나요	14
그래도 오늘이 좋다	15
기원하는 자세	19
기분이 참 좋았는데	23
책을 내며	27
꿀맛	29
나의 작은 농장	33
눈을 감고 조용히 보자	36
세월	39
당신에게 좋은 일이 생길 겁니다	41
대한민국	45
마중물	48
마당을 아시나요?	52
말 속의 말	55
말 한 마디	58

매사 고마워해야 한다	61
목욕탕 단상	64
미쳤지	67
믿음	70
바꾸면 좋을 말의 습관	76
바르게 살자	79
바람개비(팔랑개비)가 돌려면	86
바람을 말하다	89
배려의 마음	92
노을	96
남새밭	97
가을에는 미꾸라지가 최고	100
가을이여! 단풍이여!	102
개구리	106
고사리	109
고욤나무	113
광야의 미물	116

굽은 나무와 곧은 나무	118
꽃무릇	121
꽃의 사월	122
꽃	127
노송들이 사라지고 있다	128
말릴 수 없나요	130
물이 더해진다는 것	134
복사꽃 피는 마을	137
붉나무	143
비오는 날에 "생각"	144
빛을 찾아서	147
산에 올라	150
삼계탕과 계삼탕	151
상사화	155
결혼식 장에서	159
감사한 마음	160
기러기 재의 이야기 하나	163

꼭 필요한 사람	168
노인의 마음	172
농부의 마음	175
두 시간 동안의 박수(작은 음악회에서)	178
묘소를 찾는 사람들	182
불러 보고 싶은 "어머니!"	186
불러 보고 싶은 "아버지!"	189
빌어먹는 사람	193
사람 소개	196
사람을 이해하기는 참 어렵다	198
사람을 판단하는 기준이나 방법	201
삼무사를 아시나요	204
새해에는 이런 사람들이 많아졌으면 좋겠다	208
생각과 행동의 힘	211
소통합시다	216

1

미쳐보자. 더 좋은 내일을 위해.

마음

아침에 일어나니 살아 있다는데 감사한다.

농장을 한 바퀴 돌았다. 작물이며 나무가 잘 자란다.

정말 고맙다.

점심시간에 친구들과 만났다. 즐거운 마음으로 식사했다.

어울려주어 감사하다.

저녁이 되었다. 많은 사람들과 만났다. 소통이 된다.

얼마나 감사한가.

집에 돌아 왔다. 집 식구가 반긴다.

감사하다.

지나간 시간들이 감사하고 고맙다.

관광버스의 체험

나는 가끔 관광버스를 타는 경우가 있다.

각종 모임에서 관광을 간다던지 견학을 하는 경우와 결혼식장에 가기 위하여 관광버스를 타게 되는 것이다. 그런데 우리지역에서는 관광버스를 타면 관습적으로 음식과 물 그리고 술을 주는 경우가 있다.

그런데 이런 음식을 먹기 시작하면 분위기가 바뀌면서 음악소리가 나오는데 이 음악소리는 보통 크기의 수십 배나 되어 전화(핸드폰)를 주고받는 것은 물론 옆의 사람과의 대화가 안 되는 정도의 큰 소리이다. 그리고 이 소리는 다음 휴게소에 버스가 서기 전 까지는 계속 되는데 나로서는 정말 정신이 없다.

얼마 전의 일이다. 서울에서 출발한 관광버스가 경기도의 기흥 휴게소까지 오는데 차가 막혀서 2시간 10분 정도가 되었다. 이 두 시간여 동안 버스 안에서는 굉음에 가까운 소리가 들리는데 급한 전화가 온 줄도 모르고 있던 사람도 있는가 하면, 전화기를 진동으로 놓은 사람은 전화가 온 줄 알면서도 통화를 전혀 하지 못하는 경우를 보았다.

　나는 이런 경우를 보면서 20분 아니 1시간 만에 몇 분 간 만이라도 음악 소리를 멈추게 하는 배려가 꼭 필요하다고 생각했다.

　다음으로는 참 흥겨운 장면들인데 남녀노소 할 것 없이 신나게 춤추고 노래하는 모습은 정말로 장관이다. 버스만 타면 우리나라 국민이 이렇게 멋지고 흥겹고 낙천적인 국민인가 하는 느낌과 함께 인생의 멋을 느끼기도 한다.

　이렇게 멋진 자리를 같이하는 사람들 중에는 춤꾼도 있고 노래를 잘 하는 사람도 있으며 흥을 돋우려는 바람잡이도 있게 마련인데 바람잡이는 왕 바람잡이와 억지 바람잡이도 있어 흥을 더 돋우기도 한다. 하지만 억지 바람잡이는 좀 곤란한 경우도 있다. 왜냐하면 몸이 불편한 사람에게 강제로 노래를 하라고 강요하거나 일어나서 춤을 추라고 억지를 부린다던지 기분이 좀 그런 사람에게 흥겹게 놀아 보자든지 노래나 춤에 소질도 흥미도 없어서 다른 분들이 신나게 놀고 있는 것 까지도 참아주고 있는 고생하는 사람도 있는데 이들에게 까지 노래와 춤을 강요하는 억지는 안하는 것만 못 하다고 느꼈다. 고난의 세상에 이런 때나 스트레스 풀어 보는 기회로 삼는 것은 참 좋은 일이다.

하지만 다른 사람에게 강요까지 하여 스트레스 주는 우를 범하지 않는 것도 예의라는 느낌이 들었다.

다음으로는 관광버스 안의 음주 문화이다. 먹고 마시고 춤추고 얼마나 흥겨운 일인가.
나는 이보다 돈 적게 들어가고 종합적인 예술이며 격의 없는 예술도 없다고 생각 했다.
누가 달라고 하지도 않고 앉아 있거나 서 있는데 술 따라주고 때에 따라 안주도 먹여 주고, 이렇게 초면 구면 따지지 않고 친절하게 대하는 장소 또한 관광버스 안의 친절과 인심이라고 느끼며 정말 멋있는 공간이라고 느꼈다.

젊은 사람부터 노인까지 남여 노소 없이 그저 흥겹기만 한 이 자리 옥에 티라면 술을 못 마시는 사람이 문제다. 술을 못 마시니 안주 까지 거르는 경우도 있는데 여기까지는 좋다고 치자, 하지만 술을 억지로 마시라고 강요하는 미덕 아닌 미덕(사실은 안 좋으라고 하는 술대접은 아니지만)으로 술을 강요하며 급기야 조금만 마시라고 하면서 권하는 미풍 아닌 미풍도 조금은 개선 되었으면 하는 생각이다.

다 알고 다 잘들 하시는데 이 좋은 자리에 옥에 티 같은 것만 조금 시정되면 참 좋은 관광버스 안의 인정 넘치는 분위기가 오래 오래 지속될 것 같다는 마음으로 체험의 한 단면을 표현해 보며 관광버스와 운전하시는 기사님 건승 하시고 특히 탑승 하시는 모든 분들이 즐겁고 기억에 남을 수 있는 좋은 여행이 되었으면 하고 바랄 뿐이다.

그래도 되나요

생각나는 대로 다 말해 버리십시오.
그래도 되나요?
보는 대로 다 말해 버리십시오.
그래도 되나요?
느껴지는 대로 다 말해 버리십시오.
그래도 되나요?
들은 대로 다 말해 버리십시오.
그래도 되나요?
공짜라고 모두 다 말해 버리십시오.
그래도 되나요?

아니요. 걸러야지요. 큰일납니다

그래도 오늘이 좋다

　금년도 하반기 인데 한 일보다 할 일은 많고, 세월 참 빠르게 지나간다는 느낌이 든다. 그런데 요즈음 비까지 안와서 우리를 괴롭게 하더니 단비가 내려 산천초목에 생기가 돋아난다. 참 기분이 좋다. 하지만 사람의 마음은 해갈아 잘 안 되어 모든 것을 자기의 주장대로 하려는 경향이 있어 다른 사람의 심기가 불편하게 하는 경우도 종종 보인다. 게다가 더하여 컴퓨터와 인터넷이 되다 말다하여 요즈음 나의 심기도 불편하다. 오랜 가뭄도 단비가 오면 해갈이 되는데, 인간세계의 가뭄은 언제쯤 단비가 내려 해결 될까?

　사람이 살아가는 데에는 이런 저런 일이 생기지만 나의 성격이 소심한 것인지, 자존심이 있어서 그런지, 실패를 우려한 걱정의 마음인지 이것 저것 소통에 어려움이 있다. 오늘도 인터넷이 잘 안 된다. 누구인가 차단한 사람이 있는 것 같다. 나는 그저 참아가며 책이나 신문에서 참고자료를 찾으려니 늦어지고 번거롭다. 세상은 하나인데 사람의 마음은 개별로 달라서 내 마음과 같기를 기대하는 것은 나의 잘못이다.

　나는 생각한다. 원인은 언제나 나에게 있고 내가 풀어야 한다고, 그래서 기다리며 지금 이렇게 할 수 있는 것만도 다행이라고, 오늘은 비가 와서 3시간 물주는 작업이 생략되어 오이를 많이 수확했다. 지인에게 전화하여 한 보따리 드린다. 그리고 일부를 가지고 집에 왔는데 너무 많이 심어서 귀찮다고 한다. 다 줄걸 하는 생각도 들었다. 그런데 지인은 오래전 생각이라며 부부동반 점심을 먹으러 보령 가자고 한다. 아내에게 동의를 얻어 수락하고 가기로 통보했다. 이런 일들이 자주 생기면 참 좋겠다. 부부는 서로를 이해하고 위하고 사랑해야 한다. 잘못을 들추기보다 감싸고 잘 한 점을 찾아서 응원하고 격려하는 자세가 필요하다. 그렇다면 나는 그렇게 했는지 반성해 보자. 이제 지난 일을 끄집어 내지 말고 진정으로 실천하려 한다.

　세상은 빠르게 지나가고 무섭게 변하는데 나만, 우리만 안 변해서 생기는 일들도 너무나 많다. 변해야 한다. 변하자. 가뭄에 단비가 내리 듯이 변해야 산다. 지금도 부족한 비가 내린다. 나의 부족함도 이 비처럼 해갈할 수 있기를 바란다. 내가 생각하는 것들이 꼭 맞는다고는 할 수 없다. 다만 그렇다는 취지다. 보다 더 인간다워져야 할 사람은 바로 나이기 때문이다. 산은 산이요, 물은 물이라는 성철

스님의 말씀처럼 사람은 사람이고 나는 나이고, 아내는 아내이기에 그 본질을 알아서 행동해야 하는데 그 행동이 일방통행이라서 자꾸만 엇박자가 되는 것 같아 마음이 아프다. 모든 것이 같을 수 없고 같으면 이상할 것은 당연한 이치지만 같아지려고 상대방을 이해하려고 노력하는 자세가 서로를 위하여 좋을 것 같다. 인생 별것 아닌데 잘난 것처럼 행동하면 어려움만 커간다. 행복의 지수는 자기 앞에 있다고 하는데 멀리 다른 사람의 것과 비교하니 불행해 진다. 어려운 나라의 국민들이 그렇게 행복지수가 높더니 텔레비전이 보급되자 갑자기 행복지수가 낮아지더란다.

어떻게 보면 아는 것이 병이요, 행복을 버리게 되는 경우를 만들기도 한다고 느낀다.

인생 별것 아니라 백년이라 해도 우물쭈물하다가 그럴 줄 알았다고 죽음을 표현한 사람들도 있고 천상병 시인은 "귀천"이라는 시에서 "인간은 이 세상에 태어나 잠시 소일하다 간다" 라고 표현했는데 정말로 동감이 갈 때가 많다. 하지만 출생과 삶은 대단한 것이다. 매미는 2년에서 8년까지 많은 고통과 시련을 겪으면서 살아나 겨우 3일에서 8일을 살기에 나도 세상의 빛을 보기위해 이렇게 음지에서나마 자기의 생애가 있음을 알리기 위하여 있는 힘을 다하여 소리를 지르는 지도 모른다.

그러니 나도 다른 사람도, 나도 사람이라고 주장하고 외치고 이기려 하는 것은 당연한 자세이며 옳은 일 일지도 모른다. 그래도 중요한 것은 다른 삶도 주장할 수 있다는 사실을 알고 이해하는 태도 또한 중요하다고 사료된다.

이기려고만 하는 자세는 도박하는 사람들의 룰(규칙)만도 못하다고 한다.
이해와 존경의 삶이 자신을 덜 괴롭히고 자신을 행복하게 하는 길 일 수 있다는 진리로 살아가고 싶다. 꼭 그랬으면 참 좋겠다.
바느질 하다가 바늘이 부러지니 나 때문에 바늘이 부러졌다고 조침문을 썼다는 글이 교과서에 나온다.

모든 것이 나 때문이다.

그래도 오늘 살아 있으니 참 좋다. 고맙다.

기원하는 자세

사람이 살아가면서 별의 별 일들이 다 생긴다.

그래서 기도도 하고 빌기도 한다.

필자는 1950년대에 초등학교를 다녔는데, 다른 지역도 그러했겠지만 우리고장 청양에는 정말 많은 피난민들이 몰려왔던 것 같다. 이렇게 많은 사람들이 가족단위 아니면 홀로 남하한 사람들이었으니 먹을 것이 없어서 이집 저집으로 돌아다니며 밥을 구걸하여 끼니를 때우는 사람 또한 대단히 많았고 이들을 보는 사람들은 거지들이 올 것 같으니 밥을 조금 더 했다가 주는 풍습도 생기게 되었으며, 그래도 서로 같이 살아야 한다고 도우려는 마음이 세상을 훈훈하게 만들고 있었지만 한편으로는 밥을 얻어먹는 사람들을 비렁거지라고 부르면서 빌어먹지 않으려면 어떤 일이라도 해야 한다는 여론도 있었던 것 같다. 사람들이 밥을 얻어먹는 것을 빌어먹는다고 한 것이다. 그래서 필자는 빌어먹는다고 하면 먹을 것이 없어서 밥을 얻어 먹는다고 알고 있었다.

　그 후 필자가 중학교에 다닐 때의 일인데 우리 집 형편도 상당히 어려워 가끔은 친구네 집에 가서 밥을 얻어먹는 경우가 있었는데 친구네 집에 갈 때마다 친구의 할머니는 습관적으로 저 빌어먹을 녀석 또 왔구나 하시며 반겨 주셨다. 하지만 나는 비록 지금은 밥을 얻어먹는 경우가 많지만 빌어먹을 이라는 말이 미래에도 밥을 공짜로 얻어먹는 거지가 될 놈이라는 생각에 미치자 어느 날에는 기분이 안 좋아서 친구의 할머니에게 불쾌한 표정을 지으며 할머니는 왜 나만 보면 꼭 빌어먹을 놈이라고 하느냐면서 대든 적이 있었다.

　하지만 할머니는 태연한 표정으로 빌어먹을 놈이라는 말은 나쁜 말이 아니란다. 내 이야기를 들으면 알 것이다. 나는 오늘도 장독위에 냉수를 올려 놓고 너희들이 잘 되라고 빌었단다. 성황님께 빌고 삼신 할머님께 빌며 하나님께 비는 것이 잘못은 아니라고 생각 한다. 빌고 비는 것은 잘못이 아니며 내가 바라는 것들이 잘 되라고 기원하는 것이며 희망이 이루어지게 해 달라는 기도란다. 정성을 다하여 빌면 뜻이 통하여 이루어진다고 하니 이 풍진 세상을 살아가려면 빌고 빌어서 굶지않고 잘 살아가라고 한 말 이란다. 그러니 오해하지 말고 잘 믿고 정성것 빌어서 잘 살기 바란다. 라고 설명하시니 그것도 맞는 말 같았다. 결국 필자는 혹을 붙이고 말았으며, 다른 사람들의 이야기를 긍정으로 받아들이는 습관을 배우게 되었다. 정말로 전화위복의 교훈이 된 셈이다.

우리 속담에 "더도 말고 덜도 말고 한가위만 같아라"는 말이 있는데 이것도 하나의 기원일 것 같다. 우리가 바라는 희망을 기원하면 이것이 비는 내용이 된다. 인간은 누구나 바라는 내용이 있고 이러한 내용이 이루어지도록 비는 것이 기도라고 생각되며 어느 종교라도 희망을 기대하며 기도하는 것이요, 보다 많이 그리고 정성을 들이면 보다 좋은 결과가 올 것이라는 마음으로 기원하는 것이 사람의 심정이리라.

이제 독자들에게 기도문 하나를 소개 하고자 한다.

이 기도문은 아일랜드에 살던 인디언 켈트족의 기도문이라고 한다 "당신 손에 언제나 할 일이 있기를, 당신 지갑에 언제나 한. 두 장의 지폐가 남아 있기를 당신 발 앞에 언제나 길이 나타나기를, 바람은 언제나 당신의 등 뒤에서 불고 당신의 얼굴에는 태양이 비치기를 가끔 당신의 길에 비가 내리더라도 곧 무지개가 뜨기를, 불행에 대해선 가난하고, 축복에 대해선 부자가 되기를, 적을 만드는 것에는 느리고 친구를 만드는 데에는 빠르기를, 이웃은 당신을 존경하고, 불행은 당신을 아는 체도 안하기를 당신이 죽을 것을 악마가 알기 30분전에 이미 천국에 돌아가기를 앞으로 겪을 가장 슬픈 날이, 지금까지 겪은 가장 행복한 날보다 더 나은 날 이기를 그리고 하나님께서 늘 당신 곁에 함께 하시기를"

 기원하는 기도는 얼마나 나를 위한 기도인가 다른 사람을 위한 기도인가. 그리고 얼마나 진실된 기도이며 얼마나 정성을 다하냐에 따라서 인생이 변할 수 있다고 한다.
 기원하는 것에 대해서는 긍정도 부정도 할 수 없을 지라도 필자는 믿고 빌어서 나의 희망이 이루어지기를 상상해 본다.

 화창한 봄날이다. 이 조그마한 종자를 뿌리며 얼마나 많은 꽃을 피우고 얼마나 풍성한 열매가 맺을지 정성을 드리면서 좋은 결과가 나타나기를 기원해 본다.

기분이 참 좋았는데

 세상이 요지경 속이라더니 좋으면 좋은 만큼 어려운 점도 생기나 보다 그래서 사람들은 호사다마라 했던가.

 나는 1972년 어느 여름날 대전에서 공부를 한답시고 왔다 갔다 하는데 어느 날 아침 강의를 받으러 가는데 정말로 기분이 좋고 발걸음도 가벼웠다. 걸어서 가다가 건널목을 건너려고 몇 걸음 나가는데 갑자기 택시 한 대가 총알 같이 달려드는 순간 나는 본능적으로 나갔던 다리를 잡아당기는 순간 택시는 나를 향해 돌진했고 나는 다리를 잡아당기면서 앞으로 숙여져 택시에 달려있는 하얀 줄에 턱을 다치고 순간적으로 귀에서는 붉은 피가 솟구쳤다. 이때 같이 가던 동료들이 다른 택시를 불러 나를 이비인후과로 이동시켰고, 이비인후과의 의사는 자세히 진찰을 하고 귀에는 큰 이상이 없다며 지혈을 해주고 턱 뼈가 부러졌으니 치과로 가라면서 다행히 귀에서 피가 나왔기 망정이지 머리로 갔으면 큰일 날 뻔했다고 부언한다.

다시 말하면 귀의 핏줄이 약해 살아났다는 이야기다.

이제 치과 병원으로 이송되었는데 치과의사는 서울대를 나온 지 얼마 안 되는 젊은 분으로 지금 생각하면 이론은 정확하게 아는 분인데 정밀 작업에 대한 숙련도는 낮았던 것 같았다는 느낌이 든다.

아래턱(하악골)이 부러졌으니 고정을 하여 하악골을 붙게 해야 하는데 그렇게 하려면 이의 위와 아래에 쇠를 대고 이를 교정하듯이 아래위로 철사로 묶어 움직이지 않도록 해야 하는데 이 과정에서 음식을 먹을 수 있도록 이 한 개를 빼고 철사로 묶는 숙련은 미숙한데다가 내 이가 강하여 여기 저기 이가 깨져 나갔고 이 깨진 이들은 지금까지도 많은 시간과 고통 그리고 금전적 어려움과 시간을 소비하게 하고 있다.

그런데 그 당시만 해도 기계와 설비가 발달이 덜 되어 하나의 이를 뺀 곳으로 찹쌀에 닭을 넣어 끓인 물을 링거 호스(수액 주사줄)로 빨아 먹으라는 것이다. 하루 이틀도 아니고 배가 고파 견디기 어려워 외국에서 수입된 과일 주스(당시는 국산이 없었고)를 사다가 호스로 빨아 먹으며 연명을 했다. 치과에 입원한 경험이 있는 사람 많지 않을 것으로 생각해 보면 그렇게 여러 날을 병원 한쪽 방을 주면서 입원시킬 사람도 없을 것이라는 생각으로 지금도 고마운 생각이 든다.

그래서 사람은 살기 마련이고 또 어려움이 있는 곳에 살 길이 생겨난다고나 할까. 그러던 중에 여기 저기 편지를 써야 할 일이 생겨서 글을 쓰다 보니 볼펜이 손에 잡히게 되고 여기서 아이디어가 나와서 볼펜의 양쪽을 빼고 먼저 빨아 먹던 링거 선을 대신하니 갑자기 배가 불러지는 것이었고 이제는 피골이 상접된 나에게 아내가 고기를 갈아서 끓여 주어도 충분히 먹을 수 있게 되었다. 이 시간에 하늘에 감사하지 않을 사람 있을까?(참고로 뼈가 부러지면 50에서 60일이 지나야 한다고 그때 말했고 2주간 다른 치료 때문에 겸하여 입원함)

이런 기적 같은 일을 몇 년이 지났을 때 직장의 선배님이 교통사고로 입원 했을 때 문병을 갔는데 그분도 예전의 나처럼 링거 주사 줄로 죽물을 빨아 먹는 모습을 보고 당장에 내가 개발한 방법을 알려주니 몇 번씩 고맙다면서 배에 음식이 들어가니 살 것 같다는 말을 몇 번이고 하더니 나중에는 내가 하던 방법에 한술 더 떠서 싸인펜의 위와 아래를 빼고 사용했다며 더 자랑하는 모습을 보기도 했다.

궁해야 방법이 나온다는 말도 이런 경우 같다.

그 후 나는 내 몸 본래의 이는 절대로 빼지 않는다는 신념으로 지내 왔는데 이 고집은 그때에 건드린 이들만 지금까지 나를 괴롭

힌다는 사실에서 참은 것이었는데 결국 40년이 훨씬 지난 한달 전에 그때 상처받은 이를 빼버렸다.

　오늘 아침에 이를 닦으며 이런 저런 생각이 들어서 지금 나의 옛 추억을 더듬으며 다시 나를 되돌아본다. 어려운 시절 가정도 있고, 직장도 있고, 하면서도 밥 먹기 어려운데, 또 이것저것 벌려 놓고 할 일들을 감당하지 못했던 시절을 회상하며, 그래도 지금까지 살아 왔으니 자만하지 말고 좋은 일 있을 때, 방심하지 말고 산은 올라가면 내려가고 또 내려가면 올라갈 기회가 생기며, 그릇은 물건의 수용 범위에서만 제 기능을 할 수 있다는 사실을 명심하며 살아가련다. 그 어려운 시기에 나를 도와주신 분들께 지금이라도 마음으로나마 감사를 드리면서.

책을 내며

　사람이 살아가는데 언제나 의도 된 대로 일이 풀리지를 않는다. 조용히 있으면 중간은 간다는데 공연히 나서다 다른 분들에게 폐를 끼치고 속살 드러내는 것이 좋은 일만은 아니다.

　이 글의 제목은 출판사에서 넣은 책을 내며 라는 글에 따라 적어본다. 지난번에 낸 책 "미쳤다! 비정상!"을 읽으신 지인 중에 한 분이 농담 삼아 문자를 보내셨는데 "독후감 첫째, 재미없군! 이 세상 그 많은 여성들과의 스캔들이나 로맨스가 한 페이지도 없으니… 독후감 둘째, 한번 읽고는 진지하게 다시 읽어보고 말해야 할 것 같네… 독후감 셋째, 단동십훈은 꼭 한문으로 표기할 필요가 있을까? 세종대왕 말씀대로 순 우리말과 한문은 다른데" 라고 문자를 주시고 다시 다 읽고 독후감을 보내겠다고 한다. 고마우신 의견이다.

　그리고 서울, 수원, 대전, 청주, 부산, 서산, 보령 등 여러 곳에서 격려의 전화와 문자를 보내 주셔서 고맙게 생각하고 있으며, 이 세상에서 가장 비싼 책은 안 읽은 책이라는데, 내 글을 펴낸 책 "미쳤다! 비정상!"은 최고 비싼 책은 아니라 다행이라는 생각도 해 본다. 그래서 용기를 얻어 "쓰다! 보다! 말하다!"라는 제하의 책을 만들어 보고자 한 것이다.

그저 한가한 시간에 쓴 글이 아니고 생각 날 때 취미로 적은 것들이라서 시간이 많이 지난 글도 있고, 요즈음 적은 내용도 있는데 보는 이의 마음이 더 편해지기를 바라는 마음으로 책을 내린다.

꿀맛

오늘은 친구들과 열심히 일하고 약간 늦은 시간에 점심을 먹게 되었는데 한 친구가 "야! 오늘 점심은 정말 꿀맛이다" 한다. 그러자 다른 친구들도 "정말 잘 먹었다. 꿀맛같이 잘 먹었다" 한다.

사람이 살아가는 데는 여러 가지 사정이 있게 마련이지만 꿀맛같게만 살아가면 최고라고 한다.

그렇다면 그 꿀맛은 왜 좋은 것일까?

예로부터 오미(五味)의 으뜸은 단맛이라고 했다. 그리고 단맛은 오방색의 중앙을 차지하는 황색으로 왕이나 황제를 상징한다고 한다. 이는 왕이나 황제만이 맛볼 수 있을 정도로 귀한 맛이라는 의미도 있다고 한다. 우리나라에서도 오랫동안 단맛을 내는 재료를 귀하게 여겨 지체 높은 집안이나 최고 연장자라야 접할 수 있었다고 한다.

오랜 세월동안 사람들에게 귀한 맛으로 사랑 받은 단맛의 정체는 과학적으로 보면 탄수화물의 일종이라고 한다.

탄수화물은 인체의 에너지원으로 가장 먼저 쓰이기 때문에 반드시 필요한 것이고, 특히 포도당은 뇌의 에너지원으로 쓰이며, 인체는 섭취된 음식물을 탄수화물, 지방, 단백질 순으로 분해하여 에너지로 사용한다고 한다.

하지만 탄수화물을 과다 섭취하면 중성지방으로 저장되어 각종 질병으로 연결될 수도 있다고 하니 과량 섭취는 삼가야 할 것 같다.

그런데 인간이 단맛을 유독 좋아하는 이유는 두 가지 설이 있다고 한다. 첫째는 채집 생활을 하는 원시인들이 쓴 맛은 독이 있다고 생각하고, 단맛은 먹을 수 있는 것을 의미하여 생존의 문제와 결부 되었다는 것이고, 둘째는 엄마의 향기에서 기억하듯이, 유당이 들어있어 단맛을 내는 포유동물의 젖에 익숙해 있기 때문이라고 주장하고 있다.

단맛의 기본은 설탕과 꿀인데, 설탕은 사람이 만든 것이고 꿀은 꿀벌이 모은 것이며 꿀이 설탕에 비하여 한 수 위인 것은 누구도 부인하지 않는 것 같다.

인간에게 주는 최고의 맛을 꿀맛이라고 하는데 사람들은 벌을 키우는 방법보다 야생에서 꿀을 채취하려고 노력했으며 벌들의 활동을 관찰하여 꿀벌이 살고 있는 바위틈에서 벌을 발견하고 꿀을 채취하면 석청(石淸), 고목나무 구멍에서 살고 있는 꿀벌을 발견하고 꿀을 채취하면 목청(木靑)이라고 하였으며, 워낙 귀하여 아픈데 먹거나 바르는 약으로 사용하기도 했던 것이 사실로 증명되고 있다. 이렇게 신들의 식량이라는 꿀을 구하기는 쉽지 않았다.

그래서 우리 조상들은 지혜를 모아 꿀을 대신하는 것을 만들었으니, 그것이 바로 엿이란다. 쌀, 수수, 옥수수 등 탄수화물을 많이 함유한 곡식을 이용한 가공 기술을 개발하였으니, 그 기술은 바로 보리를 이용해 싹을 틔워 만든 엿기름을 이용하는 방법인데, 쌀 등을 익힌 재료에 물을 붓고 열을 가한 후 적당한 시간에 엿기름을 넣어 삭힌 후, 그 물을 걸러서 오랜 시간 끓여 수분을 증발시키면 꿀만은 못해도 꿀 비슷한 엿이 되는데, 사람들은 이것을 조제된 꿀이라 하여 조청(造淸)이라고 한 것이다.

단맛의 대표가 꿀이고, 이를 대신하는 것이 설탕이라면 사람들이 만드는 조제된 꿀은 꿀맛만은 못해도 조청이라 했다.
   그런데 꿀맛이라는 단어는 맛이 최고라는 의미도 있지만 좋다는 의미도 있고 신혼부부가 "꿀맛 나는 생활을 한다" 는 말이 있듯이 좋은 일 행복한 일 즐거운 일들도 꿀맛 나는 생활이라고 한다.

제발 석청이나 목청대신 조청을 만들더라도 우리네 세상이 달콤했으면 참 좋겠다. 꿀맛 나는 세상이 되면 더욱 좋고.

나의 작은 농장

나는 오늘도 작은 농장에 왔습니다. 물론 내일도 모래도 올 겁니다. 이곳은 내가 어려서 자라고, 배우며 커온 곳입니다.

지금은 시내에 있는 작은 아파트에서 살고 있지만, 이곳은 나의 마음과 행동들이 담겨 있는 아주 소중한 곳이기에 매일 아침 날이 밝으면 찾는 곳입니다. 내가 살고 있는 이곳과의 거리는 1500 미터 정도인데 걸으면 20분, 자전거를 이용하면 7분 정도입니다.

나는 거의 매일 자전거를 타고 갑니다.

나의 작은 농장에는 내가 살던 허름한 집이 있고, 경운기를 비롯한 각종 농기구와 농기구를 수리할 수 있는 기구들이 산만하게 널려 있습니다. 또 수십 종류의 나무들과 봄, 여름, 가을, 겨울 수확할 수 있는 농작물들이 나를 기다리고 있습니다. 지난 가을에는 조그마한 비닐하우스를 만들어 시금치와 상추를 심었는데, 5가구의 사람들이 부족함 없이 뜯어다 먹었습니다. 쪽파도 도라지도 겨울 내내 수확 했지요. 물론 땅이 얼었을 때에는 시금치와 냉이를 수확 했지요, 그리고 땅 구덩이에 묻어놓은 무를 꺼내다 먹기도 했습니다. 눈이 오나 비가 오나 매일 아침 찾아오는 나의 작은 농장은 겨울 내내 나무를 손질하고, 봄이 되면 밭을 파고 수십 종류의 씨앗을 뿌리고 가꾸다보니 항상 바쁩니다. 그런데 이렇게 수확한 농작물은 어떻게 처리할까요, 궁금하죠? 뭐 그거야 간단합니다. 시금치를 수확할 때는 시금치를 좋아하는 분을, 냉이를 캘 때는 냉이를 좋아하는 분을, 원추리를 뜯을 때에는 원추리를 좋아하는 분을 부르면 해결 됩니다. 하! 하! 쉽지요.

고추며 가지, 오이 등도 넉넉하게 심어서 찾아오는 분들에게 드리면 얼마나 좋아 하는지 모릅니다. 습관적으로 일하는 나에게는 일하는 즐거움도 있지만, 이렇게 나누어 주는 재미도 쏠쏠하답니다.

보람도 있구요, 오늘 아침에도 탐스러운 복숭아와 자두 열매를 보면서 올해는 과연 누구에게 저것들이 보내질까 하고 주위 사람들을 떠올려 봅니다.

나의 작은 농장은 주변에 집이 없고 조용하며 양지바른 곳이라서 맛있는 농산물이 생산됩니다. 지금은 넉넉하게 심은 고추, 토마토, 가지 등을 관리하고 있으며, 예년보다 많이 심은 오이와 상추 등을 나누어 먹고 있는데, 바쁘기는 정말 바쁩니다. 하지만 나는 하루에 3시간만 일을 하기로 하였습니다. 특별한 경우를 제외하고는 돈을 벌려는 농사가 아니라 할 일이 있다는 것으로 만족하기 때문입니다.

가끔은 아내가 사서 고생한다고 핀잔을 주더니만, 이제는 포기했는지 그러려니 하네요!

이래저래 고마운 일입니다.

눈을 감고 조용히 보자

사람들은 눈에 선하다는 말을 자주 한다. 하지만 이것은 과거형을 말할 경우에 많이 사용하는 습관이 있다.

사람은 누구나 본다. 장애가 있는 사람도 볼 수 있고 그러하지 않은 분도 볼 수 있다. 저 유명한 헬렌켈러 같은 사람도 갖은 고생과 노력을 통해 인생의 길을 복되게 가르친 분이다. 누구나 볼 수 있다. 그러나 보는 방향에 따라서 세상이 다르게 보인다.

눈을 감고 조용히 보자. 잘 안 보이던 별이 더 선명하게 보인다.

필자는 얼마 전에 칠갑산에 천문대를 만들어 세상 사람들의 이목을 집중하게 한다는 말을 듣고, 밤 9시 15분 전에 식구들과 함께 칠갑산 천문대를 방문한 적이 있다.

밤이 깊어지니 산속은 어둠 속에 묻히고 보름달과 별들은 선명하게 보이는데 천문대의 망원경으로 보면 얼마나 멋이 있을까 하고 마지막 팀으로 대기하고 있다가 입체 영상관인가 하는 방으로 안내되어 들어가 보니 의자 자체가 반쯤 누어서 하늘 같이 생긴 천정을 마치 하늘 보듯이 보게 만들어 놓았는데 상영과 해설을 담당하는 분이 유머도 섞어가며 설명을 마치 옛날 활동사진을 설명하던 변사와 같다는 느낌을 받았으며 아주 노련하고 성실하게 설명을 하는데 감명을 받았으며 이 속에서 조용히 별들을 볼 수 있었는데 그 별들이 지금도 눈을 감으면 보인다. 그리고 역사적인 내용이나 입체 영화 등 학생들에게 공부가 될 것 같아 연필과 종이를 가지고 가지 않은 것을 후회하기도 했다.

그런데 그 큰 우주 속에서 우리가 있는 존재는 얼마인가를 생각하면 인간이 어느 정도의 무엇인가를 느끼게 되며 또한 눈을 뜨고 볼 때의 시야보다 눈을 감고 볼 때의 시야가 훨씬 크고 넓다고 느껴진다. 눈을 감고 쳐다 보면 한 번도 보지 않은 사람도 선명하게 보이고 그동안 보아 왔던 사람도 선명하게 보인다.

인생이란 어차피 무엇이라고 결론내기는 어려운 것이고 눈으로 보는 것도 머리와 마음속으로 들어가 조절되고 결론을 내리는 것이니 눈을 감고 보는 것도 한 방법일 것이라고 믿고 싶다.

그리고 진지하게 무엇을 하는 사람은 눈을 지그시 감는 경우가 많다. 명상을 한다든지, 요가를 한다든지, 기도를 드린다던지, 불공을 드린다든지, 신들린 분들이 신을 부르거나 모신다든지 할 때면 눈을 감고 본다. 정확히 보고, 멀리 보고, 목표를 향하여 보기 위해서는 눈을 감고 보는 것이 더 잘 보인다는 이야기다.

필자는 가끔 책을 읽으면서 눈을 감고 책의 주인공이나 관련된 인물들, 그리고 배경에 대하여 바라보는 습관이 조금은 있다. 이것은 상상해 보는 것이라고도 할 수 있을 것이다.

그런데 여기서 눈을 감고 볼 때에는 반드시 좋은 방향만을 보아야 자신에게 좋지, 남에게 해가 되는 방향을 보면 눈 뜨고는 못 볼 현상도 나타날 수 있음을 알아야 할 것이다.

천문대에서 보니, 별들이 마치 지구상의 여름 날파리 떼나 메뚜기떼 같이 그리고 천수만의 새떼 같이 몰려다니는 것을 보고 사람이 살아가는 데에는 눈뜨고 볼일과 눈감고 볼일이 따로 있는데 그래도 크고 넓게 확실히 상상하면서 보는 것은 눈을 감고 보는 것이라고 한다.

자! 눈을 감고 별을 봐 보자! 더 선명하지 않은가!

세월

성은 농촌, 이름은 진흥청.
1961년 4월 1일에 태어나고 올해 나이 60(회갑)세
뱃속에는 언제나 연구와 지도로 채워진 몸
농사개량과 생활개선에 필요한 지식과 기술을 연구 보급하는 사명.
지智, 덕德, 노勞, 체體 정신으로, 좋은 것을 더욱 좋게! 실행으로 배우자! 는 과제를 이수하니, 새마을 정신되어
새벽종이 울리면 모두가 일어나 새마을을 만들고,
태양처럼 솟아오른 희망의 통일벼 보급하니
화폐(50원 동전)에도 벼이삭이 탄생하고
쌀 자급 이룩되니 "녹색 혁명"이로다.
온천지 비닐의 하얀 물결 속에 너도 나도 사계절 신선작물 가꾸어
"백색 혁명" 이루었네.

여기 저기 모진 바람 견디고 견디며

새 품종 새 기술 개발하여 기후 변화 탄소 중립 대처하고,

친환경 먹거리 경쟁력 키우고자

과학농업 길 밝히니 미래도 좋구나

농업은 종합 생명산업.

인류위해 세세 연년 영원하리

농촌진흥청

당신에게 좋은 일이 생길 겁니다

오늘 당신에게 좋은 일이 생길 겁니다.

누가 그러는데 "100일간 덕담의 기적 50가지" 라는 글과 "복을 지니고 사는 방법" 이란 글을 읽고 많은 공감을 했답니다. 그래서 이 글을 소개 한다고 합니다.

오늘은 어제 사용한 말의 결실이고 내일은 오늘 사용한 말의 열매라고 합니다. 내가 한 말의 95%가 나에게 영향을 미친다고 하네요, 말은 뇌세포를 변화시키고, 말버릇을 고치면 운명도 변한다고 해요. "말 한마디로 천 냥 빚을 갚는다" 는 말이 진리인 거죠. 호수에 돌을 던지면 파문이 일 듯 말의 파장이 운명을 결정짓는데 아침에 하는 첫마디는 특히 중요하다고 합니다. 밝고 신나는 말로 열자는 거죠. 말은 에너지기 때문에 좋은 에너지를 충전시키는 게 중요한데요. 말에는 각인 효과가 있어 같은 말을 반복하면 그대로 된다고 합니다. 자나 깨나 "감사합니다."를 반복하면 말기암 환자가 한순간 암세포가 사라지는 기적이 일어났다고 합니다. 밝은 음색을 만들어 소리 색깔이 변하면 음색이 변한다고 해요. 늘 미소 짓는 표정으로 바꾸고 정성스럽게 말하는 것은 소망 성취의 바탕이라고 합니다.

퉁명스러운 말투는 들어온 복도 깨뜨린 데요. 불평불만 쏟아놓으면 안될 일만 연속 된다고 하죠. 투덜 습관이야말로 악성 바이러스라고 합니다. 부정적인 언어는 불운을 초래하기 때문에 긍정언어 구사의 습관화가 중요하다는 겁니다. "사랑합니다." "감사합니다." "덕분입니다." "미안합니다."를 상용으로 사용해 보시면 어떨까요.

좋은 말하는 사람과 자주 만나면 좋은 파장이 공유 된답니다. 죽는 소리를 자주하면 죽을 일만 생긴다는 것이 바로 말의 영향이라고 해요. 상처 주는 말은 암보다 더 위험하기 때문에 말부터 수술해야 한답니다. 남을 탓하는 사람은 되는 일이 없답니다. 또 남에게 욕먹었다고 곧바로 대응해 화내지 말라고 합니다. 상대방이 내게 한 욕은 부메랑처럼 다시 그에게로 돌아간다고 합니다.

정상이 가까워질수록 힘이 들게 마련이므로 세상을 살면서 힘들다고 고민하지 말 것을 권합니다.

불평은 자기를 파괴하는 자살폭탄이기 때문에 불평을 하지 말라고 합니다. 그림자를 보지 말고 몸을 돌려 태양을 바라보는 긍정적인 자세가 중요하다는 겁니다.

만년 꼴찌 학생에게 칭찬 교육을 시켰더니 우등생이 됐다고 하고, 10년간 허덕이던 회사가 전 사원의 덕담 훈련 덕분에 위기를 넘겼다고 합니다. 위기의 부부 150쌍이 언어 습관을 교정한 덕분에 화목해 졌다는 사례도 있습니다.

업보 중에 가장 무서운 업보가 "구업(口業)"이기 때문에 남을 심판하지 말라고 합니다. 누구나 장점은 있게 마련이므로 장점을 찾아 길러주면 복이 되어 돌아온답니다.

칭찬은 덕담 중에 덕담이기 때문에 칭찬 습관을 길들이는 게 중요하다고 합니다.

그렇다면 우리가 복을 지니고 살려면 어떻게 해야 할까요. 우선 가슴에 기쁨을 가득 담고 얼굴에 웃음꽃을 활짝 피우는 게 중요하다고 합니다. 남이 잘 되도록 도와주고 남이 잘 한 것만을 보고 박수를 쳐줘야 복을 받는다고 합니다.

남을 기쁘게 하면 10배의 기쁨이 나에게 돌아온다고 합니다.

끊임없이 베풀고, 약속을 꼭 지키라고 합니다. 감사하면 감사할수록 감사할 일이 연속되어 생겨나기 때문에 늘 감사하고 고마워하며 살아야 하겠습니다.

날마다 덕담을 12번씩 100일간 하면 기적이 일어 난다네요.

복을 지니고 살도록 노력하면서 오늘부터 100일간 동참의 기적에 동참해 보시면 어떤는지요.

대한민국(大韓民國)

　내가 좋아하는 시(詩) 하나가 있다. "아시아의 황금기에 빛났던 등불의 하나인 한국, 마음에 두려움이 없고, 머리는 높이 쳐들린 곳, 끊임없는 노력이 완성을 향해 팔 벌리는 곳, 그 등불이 다시 한 번 켜지는 날, 동방의 아니 세계의 등불이 되리라." 이 시는 인도의 시성 타고르가 써준 "동방의 등불" 이라는 시다. 타고르는 한국에 들어오려다 뜻을 이루지 못하고 한 신문기자의 부탁에 의해 즉석에서 이 시를 써 주었다고 한다. 우리 민족에게 얼마나 많은 희망을 준 시인가? 그리고 얼마나 정확하게 예견한 시이며, 하늘의 뜻을 얼마나 잘 아는 시인 인가?

　원래 "대한민국"이라는 이름은 고대부터 우리 민족에게 잠재되어 있던 희망을 주는 말이다. 한(韓)자는 "해 뜨는 동방의 위대한 민족"이라는 의미를 담고 있다고 한다.

그런데 어려움이 많았던 조선왕조에서 고종임금이 1897년 10월 해 뜨는 동방의 빛을 보고자 "조선"이라는 국호를 뒤로하고 "대한제국(大韓帝國)"이라는 국호를 내걸고 황제의 자리에 오르게 되는 데 1910년 국권을 빼앗길 때까지 유지되다가 망한 나라가 된 것이다.

그 후 대한제국은 망했지만 임시정부가 수립되고, 국호를 정할 때 갑론을박 중 표결에 의해 "대한민국"을 나라 이름으로 정하였으니 그 이름 "대 한 민 국!" 이다.
우리민족의 정서에 담겨 있던 "해 뜨는 동방의 위대한 민족" 민족의 얼이 국호로 표현되고 드디어 1948년 "대한민국" 정부가 수립된다. 하지만 어려운 과거와 연계되어 국민들의 생활은 어려웠고, 게다가 1950년 6.25 전쟁까지 터지고 나니 민족의 갈 길이 암담했던 것도 사실이다.

하지만 우리민족의 위대한 저력은 "부뚜막의 소금도 집어넣어야 짜다." 라는 속담을 가르치며 무슨 일이든 실천하고 "실행으로 배운다"는 철학으로 노력하여 위대한 지도자와 더불어 위대한 민족의 꿈을 실현한 대한민국이 되어가고 있다.

88올림픽과 월드컵 등을 통해 대한민국을 알리고 과학을 통해 좋은 제품을 만들고 수출을 늘리며 민주화를 이루어 나가는 대한민국, 세계속의 대한민국이라기보다, 대한민국 속의 세계인 G20 정상회의를 한국에서 열고 그 의장국이 되기도 하고 지구상의 부자 오너들이 모이는 곳, 그리고 이곳에서 한국을 보고 느끼며, 이해하는 곳이 되었으니, 이제 "해 뜨는 동방의 위대한 민족"의 나라 대한민국은 더욱 번창 하리라.

그제도 들려오고, 어제도 들려오고, 오늘도 들려오는 중국 광주에서 보내주는 금메달, 은메달, 동메달 소식. "체력은 국력이다"라는 말을 실감하게 한다.

오! 대한민국! 다시 한 번 외쳐보며 "해 뜨는 동방의 위대한 민족" 우리가 잘 가꾸고 이끌어 가야할 것 같다. 같은 길이라도 걷는 이가 다르고, 걷는 때가 다르며, 걷는 느낌이 다르다고 한다. 우리민족은 언제 어디서 어느 일을 하든지 때와 장소 느낌이야 어떠하든 대한민국이라는 그 길은 같지 않은가 다시 한번 외쳐 본다.

오! 대한민국!

마중물

"마중"이라는 말은 우리나라의 순수한 말로 찾아오는 사람이나 손님을 어느 지점까지 나가 맞이하거나 안내한다는 말로 사용되던 아주 중요하고 예의를 지키려는 마음의 말이다.

지금도 어느 지점이나 누구를 찾아갈 때 잘 알지 못하여 우왕좌왕할 때 전화로 통화를 하고, "어느 지점에 있다"고 하면 나가서 길을 안내하거나 동행하는 사례가 많이 있는데 이러한 활동을 이름하여 "마중"이라고 한다. 그런데 우물물이나 천연적으로 나오는 물만을 자연스럽게 사용하던 사람들이 기계를 이용하게 되고 펌프를 개발하여 지하의 물을 품어 올리게 되는 과정에서 공기가 새는 것을 방지하기 위하여 물을 붓게 되고 이렇게 물을 붓고 펌프질을 하면 기다리던 귀한 물이 올라오게 되는데 이 물을 우리는 손님맞이 물 즉, 마중물이라 하였다. 지금은 별로 없는 것 같지만 농사를 하는데 사용하는 양수기나 어떤 공사를 할 때 물이 잘 올라오지 않으면 물이 올라오도록 마중물을 붓는 것이 상식으로 되고 있다.

그런데 이 마중물이 없으면 절대로 깊은 곳에서 높은 곳으로 물을 올릴 수 없다 그래서 "마중"이라는 것이 중요하고 마중물이 중요한 것이다.

이렇게 작은 마중물이 땅속의 깊은 곳의 지하수를 펑펑 쏟아지게 하는 고귀한 처음 물이 되듯이 우리네 인생사에서도 마음의 처음 물이 꼭 필요하고 사람은 누구나 성장 발전하는데 마중물 같은 기회를 인생의 길로 만들게 되었다는 사실을 모르다가도 물어 보면 말하는 경우가 참 많은 것 같다. 어려울 때 누가 학교 입학금을 빌려 주거나 장학금으로 주는 바람에 내 인생이 이렇게 되었다든지 나는 우리 어머니의 성품 덕분에 이렇게 성공했다든지, 나는 초등학교 때에 선생님의 말씀을 듣고 이 길을 택했다든지 하는 경우가 참 많다. 이런 것들이 모두 마중물과 같은 것이라고 믿고 싶다.

이제 어느 선생님의 경험담을 예로 들려고 한다. 어느 의사이면서 교수이신 분이 불치병으로 앓고 있는 아이를 15년 동안 돌봐주고 있었는데 하루는 고마운 마음에 얼굴이 상기되어 찾아와 "그동안 선생님이 여러 사람에게 좋은 일을 하시는 것을 보았고 저도 많이 도움을 받았는데 제 성적도 아주 상위권에 있고 해서 의사가 되고 싶은데 어떻게 할 수 없겠느냐?"고 하여 대답하기를 "너의 건강을 생각하여 다른 직업을 택하면 어떻겠느냐." 대답했는데 실망하고 돌아가 병이 재발하여 큰일을 당한 사례가 있다고 한다.

그래서 "좋은 선생님은 모든 것을 터놓고 이야기 할 수 있는 친구가 되어야 하고, 훌륭한 제자는 제자이면서 선생님과 친구가 되어야 한다"고 말했다고 한다.

마중물은 버려지는 것도 사라지는 것도 아니다. 즉 고맙고 고귀한 처음의 물이다 .

사람의 마음도 그 처음의 물 즉 마중물이 필요하다. 마음속 깊은 곳에 잠들어 있는 사랑의 정수, 이 귀중한 물을 퍼올릴 수 있는 마중물이 필요하다. 누가 시인이 되고, 누가 과학자가 되고, 누가 예술가가 되고 이런 상황들이 모두 마중물에서 오는 것이 아닐까?

듣도 보도 말하지도 못했다는 헬렌켈러가 세계적인 유명한 사람이 된 배경에는 한사람의 목사의 가르침을 받았던 훌륭한 스승을 만나고 나서 의지로 불구를 극복하고 세상에서 유명한 철인이 된 것이다.

우리나라 말 중에는 참 좋은 말이 많다. 그중에 좋은 말 하나가 "마중물"이라고 하고 싶다. 요즈음 많이 사용하는 "멘토"나 "멘토링"

이라는 말을 대신 할 수 있는 말이 "마중물"이라고 말하고 싶다. 마중물은 기계의 이상이 없고 깊은 곳에 물이 있는 한 반드시 그 귀중한 물을 모셔올 터이니…

이제 신묘년 토끼의 해가 시작되는 우리의 설이 온다. 우리 모두 마중물 같은 말과 행동으로 성공을 향한 희망의 길로 향하시기를 빌어 본다. "마중물 같은 분들이시여 사랑을 베푸소서!"

마당을 아시나요?

"마당을 모를 것 같아서 이런 질문을 하느냐?"라고 할 분들이 많을 줄 안다. 하지만 마당의 진정한 의미를 가진 사람들은 우리 인구의 반 정도 밖에 안 된다고 한다.

마당 이것은 마을에 들어가면 부를 상징할 만큼 농경 사회의 경작 규모와 비래하여 마당이 넓고 좁았다고 볼 수 있었다. 그리고 집에 따라서 안마당과 뒷마당, 앞마당 등으로 구분되는데 앞마당에서 주로 곡식을 타작하고 말리는 역할을 했다. 뒷마당은 아낙네들의 일터이자 이야기 장소이기도 했으며, 안마당은 오늘날의 주방이며 거실이고, 침실도 되고, 놀이터이며 행사장이었다.

여름에는 멍석(짚으로 만든 작품으로 곡식이나 농산물을 널기도 하고 깔아놓고 놀이를 하거나 앉아서 이야기를 하던 농가에 꼭 필요했던 것)이나 밀대방석(이것은 밀을 수확하여 밀짚이 상하지 않도록 간수하고 엮어서 만든 멍석과 비슷한 용도로 사용되었으며 호

밀을 심어 호밀짚으로도 만들었고 멍석보다 가볍고 쉽게 만들 수 있었다.)을 깔고 바람이 불어오는 방향에 모닥불을 피워 모기를 몰아내며 옛날 이야기와 더불어 그날에 있었던 이야기를 온 식구가 모여서 하던 대화와 토론 그리고 소통의 장소로 활용되었으며, 모닥불에 감자를 구워 먹던 장소, 감자나 밀개떡, 옥수수 등의 야식을 나누어 먹던 장소, 상추나 호박잎에 고추장 발라서 보리밥과 함께 먹던 식당이었고, 마당의 한쪽에 솥을 걸어놓고 밀가루 반죽을 끓는 물에 손으로 떼 넣어 만든 뚝 수제비며, 매운탕을 끓여서 온 식구가 맛있게 먹으며 이야기했던 가족애의 장소였고, 아이들의 공부방이었으며 고무줄놀이며, 딱지치기, 땅 뺏기, 팽이치기, 자치기, 제기차기, 구슬치기 등 각종 놀이의 장소였으며, 어른들의 윷놀이 등의 오락의 장소가 되기도 했던 곳, 그리고 아이가 태어나면 태를 태우던 장소이기도 했으며, 혼인의 행사를 하는 예식의 장이었고, 운명을 하면 장례를 치르던 장례식장이기도 했다.

한마디로 실내보다 더 많은 삶의 장소였던 마당을 관리하려면 매년 고운 흙을 파다가 모래와 돌이 나타나는 것을 가리게 하고 골이 생긴 것을 평평하게 하는 작업을 행사처럼 해왔다. 그런데 지금은 세상 살기가 좋아졌다 하여 마당이 모두 포장되거나 정원으로 꾸며지는 등 변화되어 마당의 구실을 못하고, 이제는 주차장으로 사용되기도 한다.

또 나무를 심고 잔디를 가꾸는 집도 있는데 도통 옛날의 마당 맛은 나지 않는 것 같다.

　그리고 어린아이들은 마당이라는 말을 별로 사용하지도 않는 것 같다. 오래된 멍석은 농업 박물관에서 볼 수 있는데 밀대방석은 볼 수가 없다. 요즈음 사용하는 포장이나 깔개보다 좋은 점도 많았는데 세월은 흐르고 생활은 변하는데 나는 왜 이런 생각을 하고 있을까? 오늘은 비도 오고 하니 호박을 따다 뚝 수제비 만들어 고명으로 넣어서 옛 친구들과 먹으며 막걸리 한잔하고 싶구나. 좀 비를 맞더라도 마당에서.

말 속의 말

　필자는 지난주에 서울 워커힐에서 거행되는 한 행사장에 가서 유명한 분의 강의를 듣게 되었는데 이 내용 중에 필자가 느끼며 메모했던 내용을 정리해 보려고 한다.

　먼저 보이는 것과 안 보이는 것의 차이는 어느 것이 클까? 라는 질문인데, 답은 안 보이는 것이 크다고 한다. 나도 공감이 간다. 우리 주위에는 놓친 고기가 크다는 속담이 있는데 안 보이는 놈이 크다는 얘기가 아닌가.

　그래서 몸 보다는 마음이 더 크다고 한다. 그리고 밤이 먼저 생겼느냐, 낮이 먼저 생겼느냐라고 하는 데 , 이는 닭 알이 먼저 생겼느냐, 닭이 먼저 생겼느냐의 질문과 비슷하지만, 분명한 것은 밤이 먼저 생겼다는 답이다. 이유는 간단하다. 사람들이 밤낮이라고 하지 낮밤이라고 하지 않으니 틀림없이 밤이 먼저 생겼다는 설명이다.

말속의 말이라는 제목으로 글을 전개해 나가려니 말을 하지 않으면 내용의 전개가 잘 안되는 경우가 있기에 계속해보자. 사람들은 말 할 때 큰 것부터 말 한다고 한다. 그래서 밤과 낮은 비교하면 밤이 크다는 것이고 역사는 밤에 이루어진다는 격언도 있는 것 같다.

　　사람들이 손가락을 가지고 셈을 할 때도 엄지부터 셈하고 또 다섯을 대표하는 것도 엄지손가락 이란다. 또 좌우하면 이중에 좌가 높다고 한다. 왜냐하면 우좌라고 하지 않고 좌우라고 말하며 학교의 체육 시간에도 우좌로 나란히 하지 않고 좌우로 나란히 하니 좌가 위란 말이다. 그렇다. 옛날 좌의정과 우의정이란 정승의 벼슬이 있었는데 서열이 좌의정이 위에 있었다고 하지 않은가.

　　상하 할 때도 상이라는 부분이 위라는 것이기에 하늘 땅 하지, 땅 하늘 하는 민족은 없다는 것이다. 물론 예외는 존재한다고 본다. 앞뒤는 어떠한가. 물론 앞이 먼저다. 사람들이 말을 그렇게 하니 부정할 수 있는가.

　　손이 먼저인가 발이 먼저인가는 다들 아실 터이고, 오늘 필자가 하고 싶은 말은 사람과 짐승의 구별 방법이 말속에 있다는 설명을 하려고 늘어놓은 이야기 들이다. 위의 설명에 의하면 사람들은 보통 남녀라고 하지 여남이라고 하지 않는데 이유는 남자가 크기 때문에 남녀라고 한단다. 전체를 평균한 것이기는 하지만 남자가 크다는 말은 보편적인 말이며, 보통 사람들이 남녀라고 하는 것은 사실이라고 인정하는 것 같다. 하지만 짐승은 암놈 수놈 하지, 수놈 암놈 하지 않는다. 그런데 암놈이 큰 가? 수놈이 큰 가? 따지고 보면 대체로 수놈이 크다고 인정하는 것 같다. 그러하니 남녀라 부르면 사람이요, 암수라 부르면 짐승이라는 말이 말 속에 잠재해 있다는 것을 사람들은 스스로 인정하고 말을 하는 것이 아닌가 하는 생각도 들었다. 자 이제 결론을 내보자. 큰 것이 좋은 것인가? 작은 것이 좋은 것인가?

사람들이 만들어 놓고 큰 것 작은 것 하지만 작은 것이 없으면 큰 것이 있을 수 없는 노릇이요. 큰 것이 없으면 작은 것이 있을 수 없는 노릇이니 남자는 여자 위해서 태어났고 여자는 남자 위해서 태어났다고 보면 맞다는 이론이다. 비교의 차이는 사람이 만든 것이고 모두가 가치 있는 것이니 모든 것을 존중하고 소중하게 인정할 수 있다면 좋을 것 같다.

가치는 사람이 만들고 사람이 평가하고 말하는 것이니 사람에 따라 달라져야 할까?

말 한 마디

　사람이라는 기본은 말이 통해야 하는 것이며, 이 말을 통하여 사회적 활동을 하게 되고 문명도 발전하게 되는 것이다.

　그런데 이 지구상에는 서로 통하지 않는 말이 8000가지가 넘는다고 한다. 이렇게 많은 말들이 문명의 발달과 홍보방법의 발달, 그리고 많이 사용하는 말들로 하여 차츰 어느 방향으로 통일 되어가고 있으며 우리나라 말도 세계 13번째의 말로 우위를 점하고 있다고 한다.

　그런데 우리말은 한글이라는 아주 역사적으로 정확히 만들어진 연대가 알려진 글자가 있어서 세계적으로 표현이 잘되는 좋은 말과 글이라고 한다. 그래서 그런지는 몰라도 이 세상에서 가장 욕의 종류가 많고, 남이 듣기 거북한 말의 종류도 가장 많다고 하며, 실제로 말을 하면 이해의 방법에 따라서 오해를 할 수 있는 말들이 많으며,

해석을 잘하면 잘못한 말도 아주 좋은 말이 되기도 한다. 하지만 말 한마디를 가지고 아주 안 좋은 결과를 가져오는 경우도 많다.

가까운 사람사이일수록 말은 더 조심스럽고 품위가 있어야 오해의 소지도 줄어든다고 하는데, 우리나라 사람들은 모르는 사람에게는 아주 친절하면서 가까운 남편과 부인에게는 함부로 말을 하는 경향이 있는가 하면, 특별히 사람들은 한사람이 먼저 나쁜 말을 하면 곧바로 더 나쁜 말로 받아치는 경향이 있는데, 그래서 그런지 공자도 "참고 또 참고 다시 참으라" 고 한 것 같다.

불경에도 "재물이 없어도 사람에게 베풀 수 있는 7가지 보시 중에 마지막은 품위 있고 부드럽게 하는 좋은 말" 이라고 했다. 또 중국의 옛 석학 순자도 "좋은 말 한마디는 비단 옷을 입는 것 보다 따뜻하다"고 했다. 미안해, 고마워, 사랑해, 힘내, 멋있네, 참 좋다, 잘한다 등 우리가 할 수 있는 가장 좋은 말들을 하면 듣는 사람보다도 말 하는 사람이 좋은 것이라고 보면 맞는다. 우리말에도 "말 한마디가 천량 빚 갚는다"는 속담이 있지 않은 가.

그리고 말이 잔소리가 되면 안 되며 잔소리로 느껴도 안된다는 것이다. 왜냐하면 잔소리를 좋아하는 사람은 별로 없을 터이고, 잔소리를 하는 사람은 습관이 되어 다른 사람을 안 즐겁게 만들 테니까.

말 한마디를 잘하면 장수의 비결이요, 정신 건강의 비타민이며, 자신을 비롯한 다른 사람에게 활력을 준다. 상대를 존중하며 하는 말은 자기를 존중하는 말이 된다는 것을 누구나 알면서 실천하지 못하는 경우가 많은데, 이제부터라도 참고 좋은 말하고 즐길 수 있는 습관이 계속 이어져 갔으면 참 좋겠다. 나의 입으로부터 나의 귀와 나의 마음이 편해지도록 나도 다른 사람도 좋은 말 한마디 해주면 얼마나 좋을까.

매사(每事) 고마워해야 한다

나는 오늘도 일기를 쓴다. 특별한 내용을 적는 것도 아니고 그날에 일어났던 것들도 아닌 그런 일기를 쓴다. 평소에 그런 생각을 했지만 어느 날 잡지를 읽다가 감명을 받아 일기를 쓰는 것이다. 내용은 이렇다. "참은 끝은 있단다. 참고 살아라" "매사 고마워해야 한다. 화를 내지 말라." 라는 문구를 읽은 것이다. 만고의 진리가 아닌가.

일을 할 때에 어려우면 그래도 "하나님은 나에게 일 할 수 있는 일거리와 일 할 수 있는 능력을 주셨으니 고맙다"는 생각으로 일 한다. 생각해 보자. 나보다 이 일을 못할 처지에 있는 분들이 얼마나 많은가. 더구나 나보다 이 세상을 먼저 떠난 사람들은 얼마나 많은가. 고마운 마음으로 열심히 일한다. 몸이 피로하면 다시 생각한다. 내가 잘못해서 피로한 것이지 누가 내 몸을 피로하게 만들었겠나. 바느질을 하다가 바늘이 부러지면 "나 때문에 불쌍한 바늘이 부러졌다"고 하면서 "아! 아! 통제라 백인이 유아이사" 라고 한 글이 생각난다. 모든 것이 나의 불찰로 이루어 진 것이기 때문이다.

나의 일기는 이렇게 시작된다. 일기장을 잡기 전에 오늘은 내가 무엇을 했으며 고마워해야 할 일이 무엇인가를 먼저 생각하고 그 내용을 적는 것이 나의 일기 내용이 된다.

그래서 하루에 몇 가지든 찾아내어 고마운 내용을 적는 것이 나의 일기다. 그리고 참은 것은 무엇인가 찾고 또 찾아서 적어 보는 것이 나의 일기다.

생각해 보면 나와 같이 밥을 먹거나 술을 같이 하신 분들도 고마운 분들이다. 누가 나를 같이 하게 할 것인가. 나는 어느 모임에서 그 모임에 같이 하려는 분을 퇴출시키려는 분들을 본 적이 있다. 결국 그분은 자리에서 따돌림, 요즘말로 왕따가 된 분을 본 적이 있다.

그 모임의 성격이나 내용으로 볼 경우 자연스러운 모임으로 생각되는데 어울리기 어려운 모임으로 되는 것 같았다. 솔직하게 말하면 나도 그 모임에 들어 있다고 볼 수 있다. 한데 왜 그랬을까? 이런 저런 생각을 하면서 나를 이해해 주는 것만으로도 감사하는 마음을 갖는다. 사람은 모두가 따로 이면서도 사회생활을 하기에 하나가 아닌가.

어느 소설 속에 나오는 이야기다. 고등어가 하는 말인데 "어쩌다 나는 화살처럼 자유롭던 푸른 바다를 떠나서 소금에 절여 졌을까, 라고 탄식하다가 석쇠에 올라서는 무엇 때문에 바다 속을 그렇게 힘들게 헤엄치며 다녔을까."라고 했단다. 사람도 마찬가지가 아닌가.

아무리 돈이 많고 힘이 있다 해도 세월을 잃으면 결국 원하지 않는 상태가 될 수도 있지 않을까. 결국 살아남은 고등어가 더 좋다는 이야기 일 수도 있으며, 사람 사는 세상 이렇게 사는 것도 고마운 인생 이라고 볼 수밖에. 소금이 되던 불이 되던 끝은 있게 마련이니 매사 참고 또 참으며 고마워해야 한다고 말하고 싶다.

그래서 나는 오늘 고마웠던 일들이 무엇이던가를 생각하면서 일기를 쓴다. 그러다 보니 내 마음에 고마운 생각이 더 모아지는 것 같아 더욱 고맙다. 나는 어느 분이 권장하는 글을 보고 시작한 일기 인데 그분에게 고맙다.

하늘 땅 지구상의 모든 것과 모든 사람에게 정말 고마운 생각을 한다. 다시 한번 말해 봅니다. "정말 고맙습니다!"

목욕탕 단상

나는 일로 피곤하거나 스트레스가 생기면 목욕탕에 가는 경우가 있다.

인간은 물에서 만들어지니까. 어려울 경우에는 물이 있는 곳으로 가는 것이 가장 좋다고 판단하기 때문이며 실제로 목욕탕에 가서 목욕을 하면 몸도 마음도 풀리는 것 같다.

오늘도 목욕탕에 가서 이런 생각을 했다. 왜 저분은 저 뜨거운 열탕에만 가실까. 그리고 왜 이분은 냉탕을 그리도 좋아 하실까. 또 저분은 왜 온탕에만 계실까. 그리고 이편에 계신 분은 왜 탕에는 들어가지 않으실까. 이런 생각을 하면서 온탕에도 들어가 보고 열탕에도 들어가 보고 냉탕에도 들어가 보았다. 역시 냉탕은 냉탕이고, 열탕은 열탕이며, 온탕 열탕 냉탕이 차이가 있는 것은 확실하지만 사람들이 좋아하는 곳은 다르다는 것을 확실히 느낄 수 있었다. 온탕에서 열탕으로 열탕에서 냉탕으로 두루 돌아다니는 분들이 가장 건강해 보였다.

아! 아! 모든 인생사가 목욕탕에 있나 보다. 뜨거운 곳에 아니 가는 사람, 찬 곳에 아니 가는 사람, 따스한 세상에도 나타나지 않고 은둔의 생활을 하는 사람, 모두가 천차만별인데 우리네 삶의 축소판이 목욕탕이 아닌가.

정말로, 정말로 우리 인생사의 진실이 모두 담겨져 있는 세상이 목욕탕이 아닌가. 그래서 사람들은 모두가 스스럼없이 옷을 훌훌 벗어 버리고 목욕탕에 들어가며 자기 인생의 취향과 성격과 습관, 건강 상태 등을 감안하여 자기도 모르는 사이에 알몸으로 모든 것을 표현하는 인생의 진실이 보이는 곳이 목욕탕이라는 생각을 하면서 나는 지금 이렇게 발가벗은 몸으로 다른 사람에게 어떻게 보일까.

나는 내 인생을 어떻게 살며 다른 사람들에게 어떻게 보이는 인생을 살았으며, 지금은 어떻게 살고 있으며, 앞으로는 어떠한 모습으로 살게 될까. 이런 생각을 하다 보니 목욕탕이 좋기는 좋은 곳이고, 특히 대중목욕탕은 나를 알아보게 하는 참 멋있는 천국이다. 아침 목욕탕이 천국이라고 말 할 수 있다는 데에는 여러 가지 이유가 있지만 실오라기 하나 걸치지 않은 벌거벗은 사람들이 아무 부끄럼이나 수치감 없이 움직이고, 싸우는 사람이 없으며, 비교적 조용하고, 누가 비누를 쓰던지 수건을 쓰던지 별문제가 없으며 특히 온탕에 들어가던 열탕에 들어가던 냉탕에 들어가던 말하는 사람이 없으며 탕 속에 들어가서 바로 나오든지 오래 머무르던지 자유가 아닌가. 거기다 돈 있는 사람 돈 없는 사람 구별도 없지 않은가. 그렇다고 어린이와 어른 노인을 구별하는 모습도 보이지 않는다. 이런 세상이 천국이 아니고 어느 세상이 천국이란 말인가.

　이런 생각을 하면서 목욕탕을 나오니 기분이 상쾌하다.

　밖에 나와 다시 한 번 빙그레 웃으며 목욕탕 참 좋다는 생각을 해본다.

미쳤지

오늘 아침은 무척이나 더운데, 나의 작은 농장에 가서 일을 한다고 돌아다녔다. 정말 땀이 많이 난다.

상의는 물론이고 하의며 팬티까지 모두 젖었다.

하지만 농사라는 것이 많고 적고를 떠나 계절과 시기가 있는 만큼 세 시간 동안 열심히 일한 결과다. 그래도 아침시간을 이용해야 덜 덥기 때문에 하는 일이다. 한데 이렇게 열심히 일하고, 오이며, 가지며, 호박을 따온 나에게 아내는 "미쳤지" 하고 한마디 한다.

더운데 몸은 생각하지 않고 욕심으로 일을 했다는 말을 간단하게 한 것이리라. 속이 상하는 것 같은데, 참으면서 얼른 "맞아 미쳤지" 이 더위에 무어 생긴다고, 땀을 흘리면서 그 고생을 할까. 맞장구를 쳤다.

샤워를 하니 땀이 흐르던 몸이 상쾌하다. "아! 이 맛이야!" "당신도 미쳐봐 그리고 이 미친병이 치유되면 이렇게 상쾌하단 말이야!"

미치는 것도 건강에 좋은 약이 될 경우가 많이 있을 것 같다.

미쳐야 산다고 생각하고 미친 척 살아간 사람이 얼마이며, 미친 척 살아가는 사람이 얼마인가.

미쳐서 죽은 듯이 살다가 때를 기다린 보람으로 일어나 자신의 삶에 새로운 이정표를 만들며 성공한 사람도 많고, 그대로 미쳐버린 사람도 많다.

동서양의 역사를 보면 내가 농사를 위해 잠시 미친놈이 된 것처럼 인생의 당장 또는 미래를 위해 미친 척 미치는 사람도 상당히 많은 것 같다.

그런데 사람은 어떤 일을 할 때는, 그 일에 미쳐야 한다. 술을 먹고 미쳐도 보고, 책에, 글에, 노래에, 애인에, 광맥에, 돈에 어떤 연구에, 또 그 무엇 때문에라도 미쳐야 한다고 강조하는 사람도 많은 것 같다.

좌우간 미친다는 것은 보통의 도를 넘는다는 의미를 내포하고 있다.

그래서 오늘 아침에 내가 한 일을 보고 아내가 "미쳤다"라고 한 것 같다. 어떤 일을 위해 미치는 것은 참 좋은 것 같다.

미쳐보자. 더 좋은 내일을 위해.

믿음

내가 고등학교 일학년 때로 기억된다. 그러니 상당히 오래된 이야기 같다. 어느 날 국어 선생님의 수업시간인데, 들어 오시자 마자 "얘들아 너희들 이 세상에서 가장 믿는 사람이 누구인지 아느냐?" 말 해봐라. 하신다. 그러자 어느 학생은 "예수님이요", 어느 학생은 "부처님이요". 하다가 "엄마, 아버지, 할아버지, 할머니, 형, 친구", 하면서 이야기 하자 "또 없느냐?" 하신다. 모두가 한마디씩 했고, 선생님은 "좋은 이야기 들이나 정답이 아니다." 라고 정의 하신다.

그래서 우리들은 그럼 누구냐고 물으니 "내가 어제 발견한 중요한 사항인데 정답은 "이발사"라고 하신다. 우리들은 의아했지만, 선생님은 어제 이발을 하면서 의자에 누어 스르르 잠이 들었는데, 이발사는 머리를 이리저리 돌리며 면도를 했다는 이야기다. 그 예리한 칼을 알살인 목에 대고 슬슬 문지르는데도 목을 맡기고 잠을 잘 수 있다는 것은 목을 자르거나 다치게 하지 않을 거라는 믿음 때문에 돈까지 주며 목을 맡기니 이보다 더 믿을 사람이 없는 것 같다는 생각이 들었다고 하시는데 모두가 고개를 끄덕인 기억이 난다.

믿음, 이것은 참으로 중요하고 영양가 있는 말이다.

지금도 가끔 보지만 아이가 아프다고 칭얼거리면, 엄마가 우리 아기 많이 아프겠다. 엄마가 호 해줄게 하며, 호호하면 조용이 있다가 이제 덜 아프지 하면, 응! 하는 경우도 있고, 배가 아프다고 하는 아이의 배를 문지르며 아기 배는 똥배, 엄마손은 약손하면 스르르 잠이 들고 배 아픈 것이 사라진다. 이것은 과학적인 근거도 있다고 한다.

하지만 믿음에 대한 심리적 효과도 있는 것이다.

아주 오래전에 들은 이야기 인데, 어느 병사가 배가 심하게 아프다고 머리도 아프다고 한다, 동료들이 어찌 할 바를 몰라 전전긍긍하다 선임 하사에게 보고하니, 노련한 선임 하사는 약을 구할 수 없다는 사실을 알면서도 "야! 박상병 지금 부대 밑의 마을에 미군 의료차가 왔다는데 가기 전에 빨리 뛰어가서 이일병 약 타와. 뭐 하고 있어, 야! 빨리 가라니까." 하고는, "야! 메모장은 가져가야 약을 타지 한다." 5분도 안 되어 "약 타왔습니다" "빨리 먹여라", 그리고는 3분도 안 되었는데 "야! 이일병 너 다 낳았지?" "네!" 하더랍니다. 사실은 미군 부대도 없고, 약도 부대 앞에 있던 곱돌을 갈아서 약처럼 봉지를 만들어 가져다 준 것인데 미군 부대의 약이라는 말에 약효가 난 것이라고 한다. 믿음의 효과이며 거짓말도 좋게 선한 뜻으로 하면 좋을 수 있다는 생각도 든다.

의학적으로 심리치료효과라는 것이 있는데 "플라세보placebo"라고 하여 효과 없는 약도 투여하면 환자는 믿고 아픈 고통이 사라진다고 하며 실제로 적용이 많이 되고 있고, 공연이 아프지도 않은 환자가 와서 정신적으로 아픈 것이 팔, 다리, 어깨, 배, 머리 등이 아프다고 한다. 그러면 의사는 한의사의 경우 침을 아프게 놓고 약을 주며 "좋아질 거라"고 하면 집에 가서 "침 한방에 낳았다"고 그 의사 최고라고 한단다. 특히 우리나라 사람들은 병원에 가서 처방을 하고 약을 주며 좋아질 거라고 하면 주사는 안 놓아 주느냐?고 서운해 하는 사람들이 많다고 한다. 그래서 필요 없는 주사를 맞게 되는 경우도 있다고 한다. 그리고 의사가 시간을 두고 병을 관찰해야 할 경우도 3일 후, 5일 후, 7일 후에 오시라고 하면 의사를 과신하여 다 낳았다고 병원에 오지 않아 병을 키우는 경우도 있으며, 일주일 복용할 약을 처방했는데, 3일만 먹고 다 낳았다고 복용하지 않아 병을 키우는 경우도 있다고 한다. 이런 경우는 믿음도 중요하지만, 과신이 문제인 경우가 아닌가 생각 된다.

믿음! 이것이 없다면 인생을 어찌 살아갈 것인가?

토지라는 소설을 쓰신 박경리님은 "씨앗이 함축하는 신비는 하나님의 신비다"라고 하셨는데, 이 세상 신비한 것이 하나님의 섭리라면 믿음 그 자체가 하나님의 섭리요, 콩 심은데 콩 나고, 팥 심은데 팥 난다는 믿음, 씨앗을 심으면 씨앗이 날거라는 농부의 믿음, 꽃이 피고 열매가 맺을 거라는 믿음 이것이 없으면 농사를 하지 못할 것이다.

버스가 올 거라는 기다림, 전화가 올 거라는 기다림, 기다린다는 희망은 바로 믿음이다.

공자는 믿음의 중요성을 강조할 때 정치에서 군대보다도, 식량보다도 믿음이 중요하다고 강조했는데, 말과 행동이 맞아야 한다는 이야기로 일상의 삶에서 믿음보다 더 중요한 것이 있을까. 중국 고사에 이목지신(移木之信)이란 말이 있다. 이 말은 백성들이 정부가 하는 일을 전혀 믿지 않아 통치에 문제가 있을 때, 진나라 상앙이라는 재상이 남문에 큰 나무를 세우고 이 나무를 북문으로 옮기는 사람에게 백금을 준다고 써 붙였는데, 아무도 믿지 않아 그대로 있는 지라 다시 천금을 준다고 써 놓으니, 어느 힘 좋은 사람이 속으면 말고 하면서, 나무를 옮겨 놓았고, 나라에서는 약속대로 천금을 주는 지라. 이 소문이 전국에 퍼지고, 그 후 백성에게 한 약속은 꼭 지키니, 나라의 기강이 서고 부강한 나라가 되었다는 이야기도 있다.

또 하나는 연나라 소왕이 천리마를 구하려하는데 책사 곽의가 천냥을 받아 천리마가 있다는 곳에 소문을 들고 찾아가보니 천리마가 죽었다. 신하는 그 천리마를 반값에 사가지고 왔다. 왕이 화내자 신하는 죽은 천리마도 오백 냥에 샀으니, 산 천리마는 약속한대로 더 주고 산다고 하시오. 하여 그리하니 백성들이 왕을 믿고 천리마를 찾아주어 구했다는 이야기도 있다.

또 있다. 마당을 쓸고 있는 노자는 장에 가는 부인을 따라가려는 아들에게 장에 갔다 와서 돼지를 잡아 줄 테니 따라 오지 말라고 하는 소리를 들었다. 부인이 장에 다녀오니 노자가 돼지를 잡고 있다. "왜 돼지를 잡았느냐?" 하자 "당신이 장에 다녀오면 돼지를 잡아준다"고 하여 잡는다고 한다. 그것은 아이와의 농담이라고 하자 약속은 꼭 지켜야 믿음이 가는 법이라고 했단다.

군자는 행동이 말을 이기고, 소인은 말이 행동을 이긴다는 속담도 있다. 사람은 자기가 약속한 것을 지킬 만한 기억력을 가져야 한다고 철학자 프리드리히 니체는 강조 했단다.

정치를 하는 분들도 행정을 하는 분들도 사정은 있겠지만 약속을 지키고 믿음을 갖게 하려는 노력을 많이 했으면 참 좋겠다.
그리하여 사람을 믿는 사람들의 세상이 되어 온 국민이 하나가 된다면 살맛나는 세상이 될 것 같다. 아직은 그래도 믿음과 그에 따른 희망이 있기에 우리가 살아가고 있는 것 같다.

믿게 하고 믿는 세상! 삶의 길이다.

바꾸면 좋을 말의 습관

공자는 생의 회고록에서 "50에 하늘의 명을 알았으며(知天命), 60세에 경윤이 쌓이고 사고와 판단이 성숙해 남의 말을 받아들이고(耳順), 70에 내키는 대로 해도 법도에 어긋나지 않았다(從心)" 라고 했다는데, 시대는 변했지만 70세가 넘어가는 친구가 다른 친구들과 점심을 맛있게 먹는 도중에 아무 이유없는 가운데 심한 욕을 듣게 되었다고 한다. 이 친구 어이가 없는 순간이 되었는데, 자제를 하며 "친구야 이제우리 나이 70이 넘었으니 좋은 말로 이야기하면 어떨까?" 하고 말하자마자 "이○○, ○○할 새끼야 너는 친구도 아니구나! 나는 가까운 친구라고 생각해서 욕을 했는데, 너 참 더러운 놈이구나" 하더란다. 순간 생각을 달리 해보니 그도 그럴 것 같아 곧바로 "그렇다면 정말 미안하네. 내 생각이 짧았나보네" 하고 사과를 한 후에도 덤으로 욕설을 한 봇다리 더 얻었다고 한다.

집에 돌아온 친구는 힘없이 현관문을 들어서는데, 착한 손녀 선희(가명)가 친구들과 통화하는 내용을 우연히 듣게 된다. 내용인즉 ○○할 놈, ○○할 년, ○○새끼 등. 자신으로서는 도저히 상상할 수 없는 욕을 즐기면서 10분이 더 지나도록 신나는 표정으로 하더란다. 잠시 후 손녀가 밖으로 나오는데 그렇게 착한 아이가, 그렇게 많은 욕을 시리즈로 하고서도 행복해 하는 모습이 이상하기까지 했다. 다음 순간 이 친구는 "선희야! 너 오늘 좋은 친구와 통화한 것 같은데 재미있는 친구인 모양이구나?" 하고 묻자 "네! 친구와 신조어 누가 잘하나, 누가 많이 누가 빨리하나 그런 통화했어요." 한다. "그래 그 신조어 내용이 무엇인지 알고 있니?" 하고 묻자 "다들 하는 말이에요, 재미있잖아요." 한다. 이 친구 '아 그렇구나!' 생각하고 세상도 변하고 착한 선희도 변하는 구나. 세상이 변하니 생활도 말 습관도 변하는 구나 했단다.

우리의 생활에서는 죽는다는 말이 참 많다. 아파서 죽는다 던지 사고로 죽는다는 말이야 그럴듯하고 무거워 죽겠다, 어려워 죽겠다, 굶어 죽는다는 말은 이해할 수 있으며, 배불러 죽겠다는 말까지도 그렇지만, 웃어 죽겠다 던지 좋아 죽겠다, 재미있어 죽을 뻔했다. 끝내준다 하는 말들은 습관적으로 안 해본 사람도 없을 것 같지만 바꾸면 좋을 것 같은 말들이라고 본다.

음식 맛을 보면서도 죽여줘요. 심지어 어느 가수의 노랫말에도 죽여줘요 라는 말이 나오는데, 이렇게 죽겠다, 죽여줘요가 생활의

미사여구 같은 의미로 사용되거나 의미심장한 말로 사용되는 가운데, 그저 좋다고 하면서 마음과 몸이 죽어 간다는 사실도 알아야 할 것 같다.

　바꾸면 좋을 말의 습관을 가장 많이 사용했을 우리나라 노인들의 자살률 세계 1위인 것을 보면 어려서부터 '죽겠다. 죽여줘요' 의 약자의 비굴함이 아니면 그토록 죽여달라며 오래 살고 싶은 심정 이었을까.

　말을 바꾸면 정서도 바뀌고 습관도 변하여 자신은 물론 사회에 미치는 영향도 달라지리라 믿으며 줄인다. 모두의 마음이 편안해지는 세상을 꿈꾸며…

바르게 살자

바르게 살자는 말은 이 세상 누구도 알고 있는 말 일 수 있다. 하지만 그렇게 쉬운 일 만은 아닌 것 같다.

사람에게는 먹고 입고 거주하면서 생리적 욕구와 욕심을 가지고 살기에 나를 중심하자면 다른 사람에게 피해를 주는가 하면 결국 나 스스로에게 피해를 주는 경우가 너무나 많다.

옳은 일만 하고 살 수도 없고 내 뜻대로 되는 일도 드문 실정인데 각박한 세상에서 어찌 바르게만 살 수 있겠는가 하는 생각이 든다.

누가 그랬다. 할 말이 없으면 남에게 피해 덜 주는 욕이나 하라고, 그래야 남에게 피해가 덜 간다고 한 것이다. 그저 젠장하면서 다른 사람에게 피해 안 가는 욕으로 대체하란 말이다.

내 이야기가 아니고 다른 사람들의 이야기로 바르게 살아가는 방법을 전개해 보고자 한다.

이춘희 여사는 다섯명의 아들과 한명의 따님을 두고 바르게 살아가는 방법을 생각하다 나 스스로와 세상 사람들이 바르게 살아가게 하기 위한 방법으로 하느님을 믿기로 하고, 네명의 아들을 신부님으로, 한명의 딸을 수녀님으로 지내도록 하기로 결심하고 열심히 노력하여 모두 신부님과 수녀님으로 키운 분인데 막내아들이 신학대학을 졸업하고 마지막 과정을 거친 후 사제의 명을 받아 임지로 떠날 때 짐 속에 막내의 배내 저고리를 넣어 주면서 "신부님은 항상 이 배내 저고리 속의 아이였다는 사실을 잊지 마시오," 했단다. 사람이 성장하고 잘 나가면 옛일을 생각하지 못하고 오만 방자해 지기 쉬우니 아주 작았던 시절의 순수했던 그 마음 영원히 간직하고 처신하시라는 중요한 교훈을 하신 것으로 보인다.

　　다음은 이조시대 유명한 정승 맹사성의 이야기다.
　　열아홉 살에 문과에 장원 급제하여 경기도 파주 군수로 부임하게 되었는데 지역의 모든 사람들이 존경하지 않을 수 없었을 것이다. 이 때 주변에 유명한 선승이 계시다는 말을 듣고 맹사성도 가르침을 받고자 찾아가서 "이 세상을 살아가는 이치에 대하여 한 말씀 주시요" 하고 청하자, 선승은 "바르게 사시오" 했단다. 그러자 맹사성이 "그런 말은 세 살 어린이도 아는 말이 아니오" 했는데 선승은 "세살 아이도 알지만 팔십 노인도 실천하지 못 한다오" 하면서 찻잔에 주전자의 물을 계속 따르니 찻잔이 넘쳐 방바닥으로 물이 흐릅니다. 그러자 맹사성이 "물이 넘쳐 흐릅니다." 한다. 선승은 이 말을 듣고 "그릇이 적으면 물이 넘치지요" 하였고 맹사성은 부끄러워 빨리 자리를 떠나려고 밖으로 나가는데 문 주방이 낮아 머리를 세게 부딪쳐 이마를 아파했다고 합니다. 이 때 선승이 하는 말 "고개를 조금만 수그렸다면 머리를 다치지 않았을 걸요" 했단다. 그 후로 맹사성은 매사에 신중하며 바르게 살기위한 처세를 잘하여 유명한 정승으로 살았답니다.

다른 이야기지만 옛날에 노진사란분이 온갖 못된 짓으로 재산을 모으고 선행은 전혀 하지 않아 주변 사람들의 원망을 샀는데, 어느 날 일곱 살 먹은 3대 독자가 맛있는 떡을 먹다가 목에 걸려 죽었답니다.

그러자 할아버지가 너무나 서운하여 참지 못하고 목을 매 죽었는데, 아무도 문상 오는 사람이 없었답니다. 게다가 노진사는 문 주방을 잘못 넘다가 다리가 부러졌답니다. 마음씨 좋은 부인이 노승에게 부탁하여 남편을 치료차 온천으로 보내는데 돌아올 가망이 없다고 생각한 노진사는 재산 문서와 열쇠를 아내에게 맡기고 떠났고, 온천에 가서 있는 동안 다리도 원상을 회복하고 마음도 청정하게 되어 음력 정월 대보름날 집에 찾아가니, 온 마을 사람들이 풍류를 즐기고 있더랍니다, 부부가 껴안고 울기도 잠시, 다시 풍악이 울리고 온 마을 사람들이 흥겹게 놀았답니다. 노진사는 아내를 껴안고 "당신 덕분에 다리도 잘 회복되었다"고 하자 마님은 "그렇게 많은 재산 중에 반 밖에 쓰지 않았는데 주변의 인심은 모두 샀습니다." 했고 노진사는 "고맙다"고 하면서 그런 걸 모르고 산 생애를 후회했다고 합니다. 그리고 그 해 가을 두 부부는 쌍둥이 아들을 낳았다고 합니다. 역시 베풀며 착하게 살아야 복이 오는가 봅니다.

어느 살만한 양반집에 집사의 아들과 주인의 아들이 같은 나이로 친하게 지냈는데 집사의 아들은 과거를 볼 수 없는 처지라 돈을 벌겠다고 집을 떠나게 됩니다. 주인집 아들인 친구는 떠나는 친구에게 300냥의 돈을 주며 성공을 기원합니다.

10년 후 주인집 아들은 과거에 계속 낙방하고 가세는 기울어 살기가 어려운 지경에 되였는데, 소문에 의하면 집사의 아들인 친구는 제물포에서 장사를 하여 거부가 되었다 하여 도움을 요청하고자 제물포에 가서 친구를 찾으니, 귀한 존재라 만나기도 어려워 글이라도 전해 달라고 하자 관계자가 글을 전했고, 이어서 버선발로 뛰어 나온 친구는 후한 대접을 하며 지난이야기를 합니다. 그리고 떠날 때에는 여비 30냥을 줍니다. 이것으로는 어려움을 해결할 수 없다고 하고 싶지만 양반 체면에 참아가며, 서운한 마음을 안고 집으로 왔는데, 집에서는 처량한 곡소리가 들립니다. 깜짝 놀라서 뛰어 들어가 보니 관이 하나 있는데 자기의 이름이 적혀 있습니다. 이상하여 관을 열어보니 편지가 있습니다. "놀라게 해서 미안하네! 떠날 때 돈을 더 주려고 했으나 번거로울 것 같아 안전하게 관에 넣어 사람을 시켜 보내니 유용하게 쓰시게" 라는 내용과 함께 3000냥의 돈이 들어 있어, 역시 내 친구다 하며 가정을 잘 살피고 공부를 열심히 하여 장원급제해서 다시 친구를 찾아 고마움을 전했다고 합니다. 인생 누구나 이런 일은 말보다 쉽게 될 수 없을 것 같기도 합니다.

다음 이야기입니다.

부모 없이 절에서 자란 혜원은 절 아래 부모 없이 자라 대장간 일을 하는 막둥이란 아이와 서로 눈이 맞아 지내는 모습을 본 스님의 주선으로 결혼을 합니다. 그리고 대장간을 인수받아 일을 하여 만들어진 농기구를 장날마다 시장에 내다 팝니다. 그런데, 어느 장날 지나다 보니 불구의 노인 한 분이 초라한 모습으로 거적을 깔고 앉아, 나를 열냥에 사가시오 합니다. 다음 장날에도 그런 모습입니다. 두 사람은 집에 가서 우리가 이 노인을 모셔다 아버님으로 모시자는데, 의견이 일치되어 다음 장날 찾아가보니 계속 같은 모습으로 계십니다. 두 사람은 기쁜 마음으로 열냥을 드리고 이 노인을 집으로 모시고 가서 계속 극진하게 대접합니다. 그러나 노인은 불평이 많으시고 "발을 씻어 주라. 먹을 것이 부실하다." 하는 등 여간 어렵게 하시는 것입니다. 그래도 부모님은 이러시는 게 당연하다고 최선을 다해 모십니다. 한 달이 지나고 두 달이 지난 어느 날, 놀랄 일이 벌어졌으니, 노인은 깨끗하게 씻고 보따리 속의 깨끗한 옷과 도포를 입으시고 오늘은 내가 너희들을 데리고 갈 곳이 있다며 앞장서 나가십니다.

절름발이도 아니고 얼굴도 깨끗하신 노인의 모습에 놀라며 따라갑니다. 저녁이 될 무렵 당도한 곳은 99간 기와저택이었으며, 수 많은 사람들이 허리를 구부리고 노인을 맞이합니다.

　대청마루에 오른 노인은 엄숙한 모습으로 수십 명의 가솔들을 불러 모은 뒤 모두가 보는 앞에서 "오늘부터 이 아이들이 나의 아들이며 며느리다. 그러니 이 아이들을 따르라" 하면서 집문서와 땅문서 그리고 곳간의 열쇠를 물려줍니다. 그러자 가솔들은 모두 무릎을 꿇고 "네" 하고 대답합니다. 젊은 부부는 졸지에 부자가 되어 마당으로 내려가 맨땅에서 가솔들에게 큰 절을 올립니다. 바른 마음과 진정한 행동이 만들어낸 복입니다. 그리고 혜원을 키웠던 스님의 암자도 새롭게 세워졌습니다.

　하지만 옳은 일을 한다고 반드시 좋은 일만 있는 것도 아닐 수 있습니다. 때로는 과감한 탈출이 필요한 경우도 있습니다.

　이런 경우입니다. 어느 날 절의 마당에 동자를 세워 놓은 뒤, 주지 스님은 동자승 주위에 커다란 동그라미를 그려 놓고 이 동그라미를 벗어나면 이 절에서 쫓겨날 것이니 내가 돌아올 때까지 동그라미 안을 떠나지 말라고 하면서 마을로 내려갔습니다.

　한 참이 지난 후 동자승은 새로운 생각이 나서 동그라미를 벗어나, 빗자루를 가져와 동그라미를 지워 버렸으며, 저녁 늦게 돌아온 스님이 방에 불을 때는 동자승에게 "네 이놈 동그라미를 벗어났으니 당장 절을 떠나거라" 라고 합니다. 그러나 동자승은 웃으면서 "스님! 어느 사이에 동그라미가 도망가 버려서 동그라미를 찾다가 스님이 주무실 방이 추울 것 같아 불을 때고 다시 찾을 생각입니다." 라고 했답니다.

　우직하게 착하기만 하면 되는 것은 아닙니다.
　사람은 하루에도 수 백 번의 선택할 갈등거리가 있고, 이 갈등 중에 선택을 잘하여 필요한 곳에 착하게 살아야 합니다.
　무모한 곳에 자기만 착하다고 세상이 착한 것도 아니고 나 위주의 착함은 욕심일 수 있습니다. 인생은 탄생과 죽음 사이에 선택의 길이 너무나 많다고 합니다. 그리고 그 선택은 후회하는 경우가 더 많다고 합니다. 착하게 살고자 하는 선택, 정말 어려운 일이지만 그래도 착하게 사는 것이 악하게 사는 것 보다 득이 될 수 있다는 말입니다.

　오늘도 후회하며 바르고 착하게 살지 못하는 필자는 본인의 일보다 다른 사람이 착하게 산 사례로 글을 이으면서 그래도 반성하는 마음으로 글을 맺습니다.

바람개비(팔랑개비)가 돌려면

바람개비는 우리들 어린 시절에 작은 막대에 종이를 접어 꽂고 앞으로 달리며 놀던 놀이기구의 하나이며 보통 팔랑개비라고 했다.

그런데 이 바람개비가 인류의 역사를 바꾸는 중요한 역할을 했다는 사실은 모르고 놀이기구로만 알았는데 비행기가 하늘을 날도록 하고 자동차가 앞으로 달리도록 하는 등 힘의 원리로 이용되고 있음은 주지의 사실이며 풍력발전을 하도록 하는 것도 바람개비가 하는 일이다. 즉 바람개비는 돌아가야 하고, 돌아감에 따라서 힘이 생기고 이렇게 하여 생긴 힘은 우리의 삶에 많은 혜택을 주고 있는 것이다.

사람들은 경제가 안 돌아간다고 말하고 돈이 돌아야 경기가 풀린다고 한다. 또 사람들의 의견이 돌고 돌아 소통이 잘 되어야 사회가 잘 돌아가며 인간성을 회복하여, 갈등과 마찰이 줄어들고 평화로운 사회가 된다고 한다.

우리들 생활에 요긴하게 쓰이는 것은 무엇이든 돌아가는데서부터 시작하여 만들어지고 사용되는데 이러한 내용을 등한시하고 결과만을 생각하니 그 욕심이 대단하여 하늘을 닿게 하고 결국은 자기가 던진 돌에 맞는 경우도 있게 마련이다.

이제 계절로 보아 농사를 시작하는 시기이다. 하지만 요즈음은 계속해서 농사를 하는 분들이 많아지고 있다. 필자가 농촌을 돌아보니 비닐하우스 등 겨울 농사를 많이 하는 지역의 사람들이 소득이 많고, 연중 가축을 사육하는 농가도 소득이 많다. 말하자면 노동의 시간이 많으면 머리도 많이 활용하게 되고 아이디어도 많이 나오며 실제 소득도 많아지는가 하면 가족 구성원 간에 화합과 협동심을 기르는데도 크게 기여하는 것 같았다. 그리고 그룹을 형성하여 서로 비교하고 돕고 토론하고 공통으로 선별 출하하고 이런 생활을 하여 공동체가 형성되고 마음을 털어놓고 서로 도우니 가치가 있고 사람 살아가는 맛을 느낀다는 것이다.

이러한 일들이 자기의 희생과 인내심 그리고 봉사정신이 있을 때에만 가능한 것이지 자동적으로 이루어지는 것은 아니라고 보는데 아무도 이의가 없었다는 점을 강조하면서 서로 돕고 이해하면서 자연의 순리대로 살아야 한다는 말이다. 작물이 자라려면 적당한 온도가 있어야하고, 적당한 물이 있어야하며, 적당한 태양이 있어야 하며, 자랄 수 있는 영양분이 공급되어야 하고, 좋은 공기가 있어야 하고, 저항요인인 병충해나 자극 요인이 없어야 잘 자랄 수 있는데 이 중에 하나만 잘못되어도 치명적인 피해를 입게 된다는 사실을 농부들은 잘 알고 있으며 잘도 실천하여 좋은 결과를 가져오는데, 이제는 농업도 경영이며 직업이라서 소득을 올리려면 생산보다 더 중요한 판매의 방법을 배워서 소득을 올려야 하는 기업가적 사고방식과 과감한 기업가 정신을 농업에 접목해야 한다고 본다.

　　사람들은 바람개비가 저절로 돌아간다고 생각하지는 않는다. 다만 바람이 불어야 돌아간다고 생각할 따름이다. 바람이 불지 않으면 바람개비는 안돌아 가는가? 그 해답이 우리들 어렸을 때 놀던 방식에서 나온다. 바람개비가 안 돌아가면 우리들은 앞으로 마구 달려가면서 바람개비를 돌린 경험이 있지 않은가.
　　그리고 뒤에서 바람이 불면 돌아서야 바람개비가 돌아가는 것을 볼 수 있다는 사실을 알지 않았나.

　　그런데 필자는 달리지는 않고 바람개비가 돌아가기를 바라거나 천천히 앞으로 가면서 바람개비가 빨리 돌기를 바라거나 저절로 바람이 불어 주기를 바라거나 뒤에서 부는 바람을 앞에서 불기를 바란 것 같아 오늘 이런 생각을 해 본다. 팔랑개비가 돌려면…

바람을 말하다

　　사람들은 바람을 말하는 경우가 많은데, 특히 신년 초에는 덕담으로 바람을 말하는 경우가 많다. 그런 경우 대개는 건강하시라 던지, 복 많이 받으시라 던지, 좋은 일 많으시라고 하고, 소원 성취하시라고 한다. 그 외에도 올해는 꼭 좋은 사람만나 결혼하라 던지, 돈 많이 버시라는 말 즉, 부자 되라는 말, 그리고 득남을 하시라 던지 참 많은 종류의 덕담을 한다. 그런데 이 덕담의 신빙성이 덜 진지한 것 같아 보일 때도 있다. 그래도 가장 진지하게 말하는 경우는 주례를 서는 사람의 말로, 보통의 주례사가 진지한 내용이라고 볼 수 있다.

　　하지만 결혼식장에 가는 사람들은 축의금을 내고 곧바로 피로연장인 식당으로 가서 음식을 먹는 경우가 허다하다. 그래서 호텔 등 좀 거창한 결혼식에는 예식장에서 식사를 하도록 준비하는 지도 모른다. 그리고 예식장에서 주례사를 듣는다는 것이 참 어렵다. 주위가 산만하고 자유 분방하여 몇일간 연구하고 생각하여 준비한 주례님의 말이 잘 들리지 않는 경우도 있어서 문제가 되기도 한다.

그래도 주례사를 하는 분은 정성을 다하여 진지하게 말을 한다. 필자는 많은 곳에서 주례사를 들은 적이 있다. 내용을 나름대로 요약해 보면 대체로 이런 내용이라고 하고 싶다.

우선 건강하시오. 그래야 모든 일을 하고 싶은 대로 할 수 있으니, 그리고 신체적 건강 뿐 아니라 정신적으로 건강하여 바르고 정직하게 살 수 있습니다. 다음으로 경제적으로 건강하기 위하여 정상적으로 돈을 모으고 알차고 보람있게 쓰시라고 말한다.

이어서 부모님 공경하고 양가의 일가친척과 형제자매가 좋은 사이로 살아가라고 하면서 사람은 사회적으로 살아가게 되어 있으니 모든 사람과 융화가 될 수 있는 사람이 되기를 바란다고 한다. 그리고 어제가 옛날이라고 말할 정도로 빨리 변하는 세상에 적응하기 위하여 보다 열심히 공부하라고 한다. 이렇게 여러 가지를 말하다가 부부는 서로가 다른 환경에서 생활하던 사람이니 모두가 같을 수 없는 것 또한 사실이니 그저 서로가 좋은 점만 찾고 모자라는 것은 채워주며 나쁜 것은 본척만척 하면서 고쳐 나가라는 말도 한다.
거기에 중요한 것이 또 있으니 아들딸 희망하는 대로 낳아서 잘 기르라고도 한다.

이제 모두 모아서 다 잘하여 먼 훗날 나는 이렇게 살았노라고 자신 있게 말할 수 있는 삶을 살기를 기원한다면서 두 사람의 새 출발을 거듭 축하한다면서 마치는 경우도 있었다.

위에서 말한 바람의 내용 순서는 필자가 이 글을 치면서 생각나는 대로 나열한 것이지만 많은 분들의 주례사를 듣고 가급적 같은 내용을 적은 것임을 분명히 하면서, 경인년 설을 기하여 바람을 이야기한 필자의 의도와 내용이 시작되는 첫해가 되어 모두가 뜻한 대로 소원성취 하시기를 기원 드린다.

"모두 행복 하세요!"

배려의 마음

　우리 민족은 900번 이상의 외침을 받으며 생명을 이어온 민족이다. 그렇게 어려운 여건 속에서 지금의 삶을 이어갈 수 있었던 데는 서로 돕는 정신이 우리의 피에 흐르지 않았다면 멸망하고 말았을 지도 모른다.

　이번에는 아주 조금이나마 남을 이해하던 분들의 사례를 적어 보려고 한다. 얼마 전 신문에 보니 빨간 불이 켜진 신호등 앞에서 건널까 말까 망설이다 파란 불이 켜진 후에 건너는데, 건너편에서 오던 어린이 다섯 명이 "할아버지 참 잘하셨어요. 기다렸다 건너시어 고마워요" 하면서 초코렛 과자 하나를 주더랍니다. 우리의 질서를 지키고 할아버지의 안전을 생각하는 어린이들의 행동에 감탄했다고 합니다. 이런 마음이 우리의 몸속에 잠재해 있다는 생각에 마음이 잔잔해 집니다.

이제 옛날이야기 하나 해 보고자 합니다. 조선의 9대 임금이신 가요, 숙종임금께서 야행을 하시는데, 새가슴 선비가 과거에 낙방하여 자살하려는 모습을 보게 됩니다. 일반 옷을 입은 노인이신 숙종께서 말을 걸으며 술을 사주고 서른 냥의 돈을 쥐어 주면서 다시 시험을 보라 닷새가 남았다. "솔개연" 하고는 사라졌답니다. 그리고 닷새 후 시험장에 나타난 새가슴 선비는 과거장에서 "솔개연"이 생각이 안나 "빙글 빙글 연"이라고 하여 낙방을 하고 나오다 정신 차리고 사방을 둘러보니 덕지덕지 기운 두루마기에 동정이 새까만 선비가 보여 선비에게 "솔개 연"자가 생각이 안나 나는 "빙글빙글 연"이라 하여 낙방했으니 선비는 "솔개연이라 하여 합격하시오." 했단다. 과거장에 들어간 꾀죄죄한 선비는 숙종 앞에서 "솔개연"하고 외쳐 합격했다. 그리고 선비가 크게 말했다. 우리 고을에서는 "빙글빙글 연"이라고도 합니다.

이 말을 들으신 숙종 임금께서 "먼저 나간 선비도 불러 오라" 하여 두 사람은 "알성시"에 합격했다. 어려운 백성을 생각하는 임금님의 마음 정말 폭 넓으시지만 자기가 못 했으면 어려워 보이는 선비라도 합격하기를 바라라는 마음 얼마나 아름다운가. 더구나 지혜를 발휘하여 "빙글빙글 연"이라고도 한다 하여 같이 합격할 수 있도록 배려한 두 선비의 마음도 우리 사회에 귀감이 될 것 같다고 생각한다. 요즈음 우리가 할 일들이 참으로 많은데 어디에서는 공동 냉장고를 설치하고 내용물을 넣어 놓아 필요한 분들이 필요한 양만 가져가도록 하고, 어느 곳에는 쌀독을 만들어 필요한 분들이 가져가 도록 하는가 하면 아주 밥을 지어서 공급하는 사람들도 많고, 어려운 학생들을 위해 장학금을 보태는 분들도 많으며, 어려운 이웃돕기 행사도 여러 곳에서 펼쳐지고 있는가 하면 각 신문마다 배려의 마음으로 선행을 하시는 분들을 보면서 이러한 사회를 만들어 온 우리 민족의 정신은 선양되어야 한다고 믿는다.

이제 세계로 향하는 우리민족의 배려 마음은 초근목피로 연명하는 경험을 하며 원조받아 생명을 유지하던 민족의 틀을 벗어나 공생의 길을 달리고 있다.

특히 튀르키에의 진도 7.8 지진이 지난 2월 6일 발생하여 피해 상황이 엄중함을 인식하고 빠르게 돕는 운동을 전개하는 정부와 민간단체 그리고 개인의 자격으로 활동하는 모습은 우리들의 마음을 흐뭇하게 한다.

대한민국 국민의 혈액 속에서 유전되고 있는 배려의 유전자는 좋은 방향으로 계속 발전할 것이며 영원하길 빌어 본다.

2

연못의 물은 버리면 다시 생긴다고 하지만,

우정은 버리면 다시 찾기 어렵다.

노을

해야 해야 어디를 가느냐?
어둠 사러 간단다.
어둠사서 무엇하게
내일 아침 밝히려고

남새밭

오늘은 다른 날보다 이른 시간에 밭으로 가려고 하는데 어느 지인이 잠시 인근의 사법서사에서 만나자고 한다. 그리로 갔는데 땅을 팔고자 하는 고객이 집 근처의 남새밭을 내놓으려 한다고 한다. 이 순간 나는 잊어버리지 않으려고 신문지 귀퉁이를 찢어서 메모를 했다.

예전에는 늘 사용하던 말인데 근래에는 채마전, 채소밭 하는 말을 사용하여 사라져 가는 말이 되는 것 같아서 그랬다. 하지만 채소밭이나 남새밭은 같은 표준어이다.

옛말에는 나물 밭이라고 했으며, 방언으로는 난세 밭, 남시 밭이라고 불리는 터 밭을 말한다. 농가월령가에도 "들농사 하는 틈에 치포(治圃)를 아니 할 가/ 무, 배추, 아욱, 상추, 고추, 가지, 파, 마늘은/ 색색이 분별하여 빈 땅 없이 심어 놓고/ 계견(鷄犬)을 방비하면 자연히 무성 하리/" 라는 내용이 나온다. 남새밭은 집 근처에 있는 터 밭이다. 그야말로 집터에 있는 밭이다. 남새의 기원은 우리들 어린 시절 똥오줌 등 거름 되는 것들을 모두 다 이곳에 넣어서 생긴 말은 아닐까. 아니면 이것저것 나무랄 것 없이 좋다는 말일까? 아니다. 이것저것 나물 종류를 많이 심어서 남새밭 일 것이다. 이제 봄이 되어 남새밭에서는 흙 내음, 싹 내음이 우리를 부른다.

나의 봄은 남새밭에서 온다. 마늘, 파, 시금치, 상추, 그리고 사이사이에 돋아나는 잡초 같은 냉이, 광대나물, 담배나물 등 밥맛 돋우는 채소들이 우리를 기다리고 있기 때문이다.

내 마음의 남새밭에는 없는 것이 없다. 국거리, 찬거리 직접 먹는 푸성귀 무엇 하나 버릴 것이 없는 아주 귀한 것들이 자란다.

남새밭에서는 그래도 재래종 채소를 심고 가꾸어야 제격이다. 일 하다가 시장하면 오이 따서 뚝 꺾어 먹고, 상추 잎 따서 묵은 된장 발라서 밥 한 수저 뚝 떠서 주먹밥을 만들어 입 크게 벌려 넣으면 그 맛 어디에서도 맛보기 어려운 느낌을 갖게 한다.

오이, 가지, 무, 파, 토마토, 아욱, 시금치, 배추, 상추, 고추, 부추 등 오밀조밀 심어 놓고 가꾸는 재미도 솔솔 나지만 먹는 재미도 장난이 아니다.

아욱국, 상추쌈, 상추 저림, 부추 전, 부추 무침, 오이소박이, 파 간장, 고추장에 고추, 이런 것들을 손수 장만하여 친한 친구와 같이 이야기꽃을 피우며 먹으면 마파람에 게눈 감추듯이 밥 한 그릇을 뚝딱 먹어 치우게 된다. 여기에 소주 한잔 더하면 부러울 것이 없단다.

그리고 남새밭은 흙을 잘 살려야 하고, 식물을 사랑하는 마음으로 가꾸어야 하며, 부지런해야 잘 가꿀 수 있다고 본다. 또한 봄에는 산과 들도 우리의 남새밭으로 생각하고 부지런히 돌아다니면 건강에 좋은 많은 먹을거리가 우리를 기다린다.

오늘날 편리를 위하여 아파트나 빌라 등 생활이 편리한 집에서 살게 되니 남새밭이라는 말이 사라져 가는 것 같다. 시어머니는 남새밭이 그립고 며느리는 백화점이 그리운 세상이니 세월 돌아가는 대로 멋에 겨워 살아갈 수밖에. 하지만 남새밭은 언제까지나 우리의 주변에서 존재할 것이다.

오늘도 나는 남새밭에 가보련다. 파란 싹들을 보기 위해서!

가을에는 미꾸라지가 최고

가을 쌀쌀한 바람이 불기 시작하면 미꾸라지는 한껏 살이 오른다.

겨울잠을 자기위해 미리 영양을 비축하기 때문이란다.
그래서 가을 미꾸라지는 일 년 중 가장 질이 좋은 물고기로 사람의 몸을 튼튼하게 한다고 한다.

미꾸라지는 한자로 추어(鰍魚)라고 한다. 추(秋)는 가을 벼가 잘 익어 있음을 뜻하는 글자이고, 고기가 완전히 살이 찐 상황을 나타내는 글자이며 고기 중에 이러한 추(鰍)자가 들어간 고기가 없으니 가을에는 미꾸라지가 최고다.

본초강목에는 고혈압, 동맥경화, 비만환자 등에 좋고, 뱃속을 따뜻하게 덥혀주며 원기를 돋우고 술을 빨리 깨게하는 역할을 하여 생기를 돋게 한다고 하였으며, 동의보감에는 미꾸라지의 맛이 달며, 성질이 따뜻하고 독이 없으며 설사를 멈추게 한다고 쓰여 있다고 한다.

　한동안은 논에 제초제를 사용하여 미꾸라지가 멸종되는가 했는데 농약의 종류와 성분도 변했고, 농민들도 농약 사용을 자제하고 있어서 그런지 논에도, 개울에도 미꾸라지가 많이 생기고 있으나, 수달(천연기념물)이란 동물이 많이 잡아먹는다고 한다.
　하지만 미꾸라지가 많아지는 것만은 사실이란 증언을 하는 사람도 있다.
　칼슘의 황제인 미꾸라지는 가을의 최고 보양식으로 추어탕, 튀김, 전골 등을 만들어 먹으며 소화가 잘 안되는 위장 질환이나 소화력이 떨어지는 사람에게 좋다고 한다.

　가을의 보양식으로 몸이 시원치 않은 분들도 원기회복 하시기를 빌고 싶다. 청양에는 미꾸라지 어부도 도매상도 식당도 보기 쉽다.

가을이여! 단풍이여!

세계에서 가장 아름답고 높아 보인다는 우리의 가을 하늘.
하늘만 아름다운 것이 아니라 오곡백과가 만발하는 산과 들 온 천지가 좋은 우리의 가을이다.

봄은 시작을 의미하고 여름은 성장을 의미하며 가을은 결실을 의미하고 겨울은 새로운 준비를 위한 저장의 시간이라고도 한다. 사람도 어린 시절과 성장기 그리고 결실기와 인생의 마무리 기가 있다고 하는데 우리나라의 사계절과 같다는 생각도 든다. 생물은 그 삶이 길든 짧든 잉태기와 초기 삶, 성장기, 그리고 다음 세대를 준비하며 사라져 간다.

요즈음 맑고 깨끗한 날들이 곡식을 잘 익도록 도와주고 이 덕에 풍성한 가을을 만들며 가을 날씨가 좋아야 곡식이 알차고 나뭇잎도 단풍들 때 그 빛깔이 아름다운 법이다.

단풍 이것은 새 삶을 위한 준비인데 사람들은 단풍이 보기 좋으라고 드는 줄 생각하는 것처럼 붉고 노랗게 보여주는 것으로 생각하고 단풍 구경(놀이)을 다니는 것 같은 생각도 들 때가 있다.

원래 단풍은 온도가 내려갈 때 나무의 겨울 삶을 위하여 잎의 영양을 나무와 뿌리로 보내고 스스로 떨켜를 통해 떨어지며 그 떨켜에 방수와 방병(벌레와 병균의 침입을 막음) 역할을 하도록 되어 있다고 한다.

이 또한 기묘한 자연의 원리이며 과학적인가.

단풍은 90일간 볼 수 있다고 해서 구추단풍(九秋丹楓)이라 했다는데 우리 고장에서는 붉나무(잎이 아주 붉다고 해서 붙여진 이름)가 가장 먼저 빨간 빛을 보이며 단풍을 알린다. 그리고 순서에 따라 계속해서 90일간 단풍을 보이는데 그중에 대표적인 나무가 단풍나무이고 이들 단풍나무도 여러 이름을 갖고 있으니 잎이 뾰족한 것이 세 개 있으면 신나무, 다섯 개 있으면 고로쇠나무, 일곱 개 있으면 단풍나무, 아홉 개 있으면 닥나무, 열 개 있으면 설 단풍나무라고 한단다. 하지만 상수리나무, 떡갈나무, 도토리나무 등 활엽수는 모두 단풍이 들게 되어있고 또 틀림없이 단풍이 든다. 특히 상록수인 소나무도 가을이 되면 지난해에 자랐던 솔잎이 노랗게 변하여 떨어지는데 나무 밑을 자세히 보면 정말 장관이다.

단풍! 이것은 우리나라의 독특한 아름다움의 상징이다.

나는 가을을 특히 좋아한다. 하늘 높고 공기 좋고 물 맑은 것만이 아니라 먹을 것이 많아서 좋다. 곡식은 물론이고 밤, 대추, 감, 사과 배와 같은 과일과 도라지, 잔대 등 몸에 좋은 것들이 풍성하고 이것들이 사람의 배를 채워주기 때문이다. 천고마비라는 말도 사람만이 아니고 동물들도 좋은 계절이기 때문이리라는 생각도 든다.

하지만 추상(秋霜)이라는 말이 있다. 추상같은 호령, 추상같은 심판이라는 이야기다. 여름 동안 잘 못 자란 곡식은 쭉정이가 되고, 과일도 떨어지거나 병든 것들이 생기게 되어 결과가 정확히 판단되는 시기이기 때문에 생물의 삶을 심판하는 계절이기도 하다. 열매뿐인가 뿌리며, 가지며 몸 전체 모두가 심판을 받는 계절이라고 볼 수도 있단다.

다시 말해 우리네 삶의 심판하는 계절일 수도 있다는 생각이 든다. 가을이 만들어가는 단풍과 사람을 비교하면서 가을을 통해 단풍은 무엇이며 인생은 무엇인지 인생을 깨우칠지도 모른다는 생각에 나를 반성해 본다.

알지 못하고 살아온 무지의 잎(삶), 짐작하면서도 덮어둔 체 내 속만 채우려 한 이기심의 잎(삶), 알면서 피해 버린 무책임의 잎(삶),

보복이 두려워 입 다물어 버린 좌절의 잎(삶), 죄를 덮어준 비양심의 잎(삶), 이것들이 가을 단풍과 함께 떨어지면 어느 가지가 썩었는지, 어느 가지 때문에 잎부터 틀려 나왔는지, 왜 한쪽으로 기울었는지, 잘라 버릴 가지는 어느 것인지를 알 수 있기 때문이란다.

삶을 정리하는 가을. 나무 잎만 생각할 것이 아니라 우리의 삶도 생각하면서 80세 방향으로 가까워지는 인생의 가을에 나는 명상에 잠긴다.

아! 가을이여! 단풍이여!
삶이란 무엇인가.
단풍을 보며.

개구리

아주 오래전이다. 어른들이 와이로 라고 하면서 꼭 필요하다고 하여 일본말인 줄 알고 있었다.

그 후 와이로가 뭣 거래라는 것을 알게 되었는데, 와이로(桂利營)란 말은 중국 고사에 나오는 말로 설명해 보면 "한때 꾀꼬리와 까마귀 그리고 기러기가 같이 살고 있는데 까마귀는 꾀꼬리가 노래를 잘하는 것을 인정하면서도 노래 부르기를 겨루자고 했다. 물론 꾀꼬리는 자신이 있기에 동의했고, 심판은 기러기가 하기로 하고 시합은 3일 후 오후에 하기로 합의를 보았는데, 꾀꼬리는 좋은 목소리로 계속 노래 연습을 하고 까마귀는 노래 연습은 안하고 들에 가서 개구리를 잡아다 기러기에게 주었다. 3일 후 시합을 하는데 꾀꼬리가 까마귀에 비하여 정말 노래를 잘 불렀다. 하지만 개구리를 얻어먹은 기러기는 까마귀의 승리를 선언했다. 다른 누구도 없기에 이의 할 수도 없다. 완전한 까마귀의 승리다." 이것이 와이로 란다.

개구리의 위력이 이렇게 커지자 학계에서는 하나의 학문을 만들게 되었는데, 고려 말에 이규보라는 학자가 과거를 세 번 보고 세 번 불합격하고는, 부정과 부패로 시험에 합격하는 사람은 많은데 자기와 같이 실력을 갖춘 사람은 돈이 없어 합격을 못 한다고 하여 "유아무와(推我無桂) 인생지한(人生之限)"이라는 글을 써서 대문에 붙이고 공부만 열심히 하던 어느 날 노인 한분이 찾아와 하룻밤 쉬어 갈 것을 청하자 "여기는 누추해서 쉬실 수 없고 저 아래 주막이 있으니 내려가 쉬시오" 했단다.

주막에 내려가 국밥을 사먹고 주인에게 물으니 공부는 열심히 하는데 세 번이나 실패하고 지금도 공부만 하고 마을에 잘 내려오지 않는다고 한다. 노인은 대문에 붙어있던 유아무와 인생지한이 궁금하여 다시 찾아가서 하룻밤 쉬어 갈 것을 간청하여 허락을 받고 자게 되었는데, 선비의 책 읽는 소리와 대문에 붙은 글에 대한 궁금증으로 잠이 안와 일어나서 "유아무와 인생지한이 무슨 뜻입니까?" 라고 묻자 자존심 강한 선비는 과거를 세 번 치렀는데 나보다 못 한 사람들이 급제하고 똑똑한 나는 돈이 없어 낙방했다며, 꾀꼬리와 까마귀의 노래 심사와 와이로 이야기를 한다. 노인도 공감을 하고, 나도 과거를 보아 낙방하고 보름 후에 과거를 본다는 소식을 듣고 올라가는 길이니 그때 만나자는 약속을 하면서 헤어졌다.

보름 후 과거장에 나타난 선비는 시제가 "유아무와 인생지한"으로 펼쳐지자 상감께 큰 절을 올리고 답을 썼으니 장원 급제란다.

율곡 선생의 장원시(詩)로 알려진 "국정천심순(國政天心順) 나라가 바르면 하늘도 순하고, 관청민자안(官淸民自安) 벼슬아치가 바르고 청렴하면 저절로 편안해 진다." 라고 썼단다.

공직자라면 국가와 국민을 위해 항상 청렴해야 한다고 알려주는 내용을 실천하고 지켜가야 하는 명제 같다.

전에는 논과 밭에 개구리 천지였는데, 요즈음은 배수시설이 잘 되어 개구리의 서식지도 줄어들고 농약 등의 영향까지 미치게 되어 개구리 보기가 참으로 어려운 세상인 것 같다. 그래도 시골에서는 개구리 소리를 들을 수 있다.

제발 이제는 죄 없는 개구리가 인간들이 좋아하든 싫어하든 와이로 라는 이름으로 세상에 회자되는 경우로 사람은 물론 개구리들까지 피해보는 경우가 사라지면 좋을 것 같다. 좋은 생각, 좋은 세상을 바라면서 맺는다.

고사리

요즈음 남녀를 가리지 않고 산으로 고사리를 채취(꺽다)하러 가는 사람들이 많다.

고사리의 가치가 대단해서도 아니고 큰 수입이 되어서 채취하는 것도 아니 것만 사람들은 다른 사람이 채취한다는데 나도 가볼까 하는 경우도 있고, 얼마 전에 누가 어디서 재미있게 채취했다는 얘기를 듣고 따라가는 경우도 있는데 먼 길을 멀다 안하고 차를 타고 목적지에 간다. 고사리가 그렇게 좋은 것인가.

제주도에서 고사리 축제를 한다더니, 전라북도 남원에서도 고사리 축제를 한다나?

큰 산, 작은 산을 막론하고 고사리만 많이 있다면 무조건 찾아가는 사람들도 있고 가까운 곳에서만 채취하는 사람도 있는데 고사리가 자랄 것이라고 생각되는 산 아래에는 자동차 몇 대가 한나절 이상 주차 되어 있고 사람들은 산에 올랐다.

　산이 거칠고 가시가 있거나 바위가 있거나 비탈이 심한 경우라도 고사리만 보이면 몸을 아끼지 않고 채취한다. 정말 이런 정도의 노력이면 경제난을 해결한다는 것은 조금 쉬워질 것 같은 생각도 해본다. 고사리가 많다는 곳을 찾아가 보면 그 험하고 험한 산들이 아주 반질 반질하다고 할 정도로 많은 사람들이 오르고 내린 흔적을 볼 수 있으며 실제로 먼저 도착한 사람이 고사리를 꺾으면 다음에 도착한 사람은 먼저 사람이 꺾다가 빠뜨린 고사리를 꺾고 이런 식으로 올라간 사람 뒤를 따라 이산으로 저산으로 옮겨 다니며 고사리를 채취하는 데 필자도 고사리를 채취해 보았지만 고사리가 많은 곳을 만나면 큰 보물 덩어리라도 얻은 것처럼 재미를 느낀다. 그래서 사람들은 어디 어디에서 언제 재미를 보았다며 같이 가자고 하며 안내를 하는 경우도 있단다.

　고사리는 학문적으로 보면 양치식물로 중생대에 처음 나타난 식물로 고사리 과에 속하며, 한의학 적으로 열과 기를 내린다고 한다.

　특별한 맛보다도 보관이 쉽고 언제나 간편하게 요리 재료로 활용할 수 있기에 제사 음식에 채소의 종류로 고사리나물이 되어 오르곤 한다.

필자가 알고 있는 어떤 분이 고사리를 한 가방 채취하여 집에 가져왔고 이것을 삶아보니 통통한 고사리가 더 많아 지더란다. 그래서 고사리를 햇볕에 펼쳐 놓고 외출해서 친구들과 고사리 이야기를 하면서 자랑스럽게 어제 어느 산에 가서 고사리를 많이 채취했다고 자랑도 했는데 집에 와 보니 고사리가 한줌도 안 되더라나, 기가 막혀서 부인을 부르면 고사리 누구 주었느냐. 아니면 누가 훔쳐 간 것 아니냐고 야단을 쳤는데 그이의 노모가 빙긋이 웃으시며 주기는 누구를 주니 고사리 개수는 하나도 안 변했다. 이다음에 물에다 불리거나 삶으면 그대로야! 하시더란다. 정말 고사리는 거짓말을 안하고 조리할 때 원상태의 크기로 불어난다. 그래서 간편하게 보관하고 필요한 때에 요리를 할 수 있으면서 쉽게 요리할 수 있으니 제사음식으로 활용된 것이 아닌가 하는 생각도 든다.

그런데 어린 고사리를 살짝 데쳐서 된장국을 끓이면 제격이다. 향기도 나고, 하지만 말리면 말린 대로의 가치도 있다. 특별히 이야기 하고 싶은 것은 고사리의 뿌리 부분에 청산이라는 알카리성 독이 있는 만큼 삶아서 물에 몇 시간 동안 담가서 우려낸 후에 조리하는 것이 좋으며(말리는 것은 문제 없을 것으로 사료됨) 너무 굳은 고사리는 채취 않는 것이 좋다.

굳을 수록 청산이 많기 때문이다.

등산하는 셈치고 고사리를 채취하러 가서 야생 취나물도 뜯고 건강도 챙기고 친구나 이웃과도 대화의 기회를 만들고 특별히 부부가 함께 산에 올라 이야기하면서 고사리를 채취하는 것도 좋을 것이다. 다만 산에 가서 욕심을 부리면 고단하니 산책 삼아 가벼운 마음으로 떠나고 돌아와야 한다. 산은 사람을 안아 주니까.

물론 산불 조심은 기본이고.

고욤나무

　5월은 가정의 달이고 따라서 어린이날, 어버이날, 스승의날 등 존경하고 사랑하고 위해주고 아껴주는 행사와 마음가짐을 새롭게 하고 다른 사람의 모범이 되게 활동한 분도 많이 나타난다.

　특히 5월 11일은 '입양의 날' 이라고 한다. 그래서 생각나는 것이 고욤나무다.
　고욤나무는 감나무과 낙엽 활엽 교목이며 5월에 꽃이 피며 종자가 상당히 많이 열리고 번식력도 강하여 발아도 잘되며 성장력이 강하고 병충해에도 잘 견디는가 하면 감나무와의 친화력도 대단하여 감나무를 접붙이는 대목으로 이용되고 있다.
　고욤나무의 이름은 우리고장에서는 고염나무라고 하는 것이 맞다. 왜냐하면 더 잘 통하니까.
　고욤나무는 영어로 date plum이라고 하며 군천자, 소시, 고양나무, 괴염나무라고 부르는 사람들도 있다고 하는데 이름이야 어떠하든 오늘은 고욤나무의 역할에 대하여 말하고 싶다.

감나무는 종자로 번식이 잘 되지 않고 극히 드물게 번식이 된다 해도 좋은 감이 잘 나오지 않고 제 기능을 제대로 하지 못할 만큼 퇴화해 버린다.

따라서 고욤나무에 감나무를 접목하여 좋은 감을 얻게 되는 것이다. 그런데 왜 감나무에 감을 접목하면 될 것을 고욤나무에 접목을 하는가?

모든 나무는 비교적 같은 과 같은 종에 접목이 잘 되지만 감나무는 감나무 끼리 접목하는 것이 고욤나무에 접목하는 것 보다 활착이 잘 안되고 성장도 느리며 특히 대목을 많이 확보할 수도 없기에 종자 수확이 쉽고 발아력이 좋으며 성장력이 강한 고욤나무를 사람들이 활용해서 감나무 묘목을 생산하거나 감을 생산하는 것인데 이 방법은 고욤나무를 희생시켜서 감나무를 만드는 것이다.

요즈음 농업기술이 많이 발달하고 농업 자재도 좋으며 시설도 좋아서 같은 종류의 나무나 작물을 접목해서 이용하고 있지만 옛날 우리 조상들 때부터 접을 붙여서 이용했던 나무는 고욤나무에 감나무를 접목하는 것이 대표적이라고 한다.

고욤나무는 대목이 되어 이름도 성도 모두 버리고 단감나무, 골

감나무, 반시, 배시, 대봉시 등의 나무로 변신하여 평생토록 감나무를 위해 이름을 바꾸어 주고 영양을 공급하는 희생과 봉사의 나무다. 푸른 5월 가정의 달이며 인‚간적인 삶의 지표로 삼아 보자고 정한 좋은 날이 많은 달 좋은 일 하시는 분들이 많이 보이며 그 아름다운 마음은 여러 사람을 좋은 길로 인도하는데 크게 기여하리라 믿는다. 고욤나무처럼.

하지만 아무리 귀품을 자랑하는 반시도 단감도 대봉시도 모두가 뿌리와 밑등은 고욤나무라는 것을 알아야 한다. 인류를 위하여 희생하는 고욤나무에 감사한 마음을 보내고 싶다 .

광야의 미물

인간은 광야의 미물이라지요. 이형 정말일까요.

청마는 어떻게 달리나요.

우리는 지금 어디에 있나요.

하나님 계시 하에 태초에 계획되어 부모님의 덕으로 이 땅에 태어나,

70 평생을 살았나 봅니다.

잘살고 잘못 살고를 떠나 어제까지 살다가 떠나신 분들이 그렇게 보고 싶은 인생을 살고 있다는 것에 감사해야 하겠지요.

연못의 물은 버리면 다시 생긴다고 하지만, 우정은 버리면 다시 찾기 어렵다고 합니다.

그동안 보내주신 후의에 진심으로 감사드리며,

희망! 그것이 삶이라는 생각으로 살아갑시다.

욕심 없이 그저 희망으로.

새해 거듭 건승을 빕니다.

굽은 나무와 곧은 나무

 필자는 자연과 식물에 대하여 아는 척 하는 편이다. 그 이유는 시골에서 자라고 농업을 배우고 그 분야에서 청춘을 보낸 40여년의 공직생활 덕이다. 그런데 알려고 하면 할수록 더 어려운 것 또한 이 분야라고 볼 수 있다. 왜냐하면 생물학적인 분야만이 아니라 인생사와 밀접한 관계가 있기 때문이다.

 나무라는 것이 씨앗에서부터 곧거나 굽은 것이 아니고, 씨앗이 뿌려진 위치와 토질 그리고 기후와 환경에 따라서 살기 위해서 스스로 노력하는 가운데 운명적으로 정해지는 것으로 고정된 위치에서 살지만 인생사와 크게 다를 것이 없다고 본다.

 먼저 곧은 나무에 대하여 예를 들자면 대관령 자연 휴양림에 자라는 금강소나무들은 1920년대에 씨앗을 뿌려 가꾼 나무들로 처음에는 한 평(3.3입방미터)에 한 그루씩 심어서 서로 경쟁하며 하늘을 향해 곧게 자라게 하고 어느 정도 키가 자라면 솎아베기를 시작하여 미래목으로 자라날 가능성이 있는 나무만 남겨 두게 되는데 이 때도 미래목이 자라는데 도움이 되는 보호목도 남겨서 미래목을 보호 하도록 하다가 40~50년 후부터 10% 미만만 자라게 하여 만들어진 인공 숲이라고 하는데 이런 나무들이 제대로 된 목재로서의 구실을 하게 된다고 한다.

 이러한 나무는 후손을 위한 종자 나무로 사용된다고 하는데 최고령의 금강 소나무는 경북 울진에 있으며 이런 나무들이 정말로 곧은 나무라 할 수 있을 것이다.

 그런데 이러한 곧은 나무가 만들어 지는 데는 시간도 많이 걸리지만 이 나무 한 그루를 위해서 최소한 10~15그루의 나무가 희생되어야 한다고 하니 인생사에도 사람하나 키우려면 이 정도 이상의 희생이 있어야 하리라고 보면서 누가 승진을 하던 누가 당선이 되던 누가 합격을 하던 입사를 하던 나 때문에 최소한 10명의 경쟁자가 희생 되었으니 나는 앞으로 더 겸손하고 감사한 마음으로 살아가는 것도 도리라면 도리일 것이다.

 다음으로 굽은 나무에 대하여 알아보자!
 굽은 나무는 종자가 안 좋아서 굽은 것이 아니라 그 삶의 환경 때문에 굽은 것이다. 그런데 좋은 나무들은 좋은 환경에서 잘 성장하다가 사람들의 필요에 의하여 베어지는데 굽은 나무는 목재로써의 가치가 없어서 천덕꾸러기로 남아 있다 보니 어느덧 크게 자라서 모양도 다양하게 보인단다.

아마도 "굽은 나무가 선산 지킨다"는 속담이 여기서 나온 모양이다.

우리네 삶에도 그런 것 같다. 제 구실을 못 할 것 같던 나무가 선산을 지키듯이 좀 모자라 보이는 자식이 효자 노릇하고, 척박한 고향에서 삶을 일구고 지켜간다고 하는 말이 있는데 사실인 것 같기도 하지 않은가.

필자는 언제인가 본적이 있는데 충청도 서해안 출신의 엄기동이라는 장애자 마라토너가 노인네(어머니)의 기뻐하는 모습을 보기 위해서 터질듯 한 가슴을 부여잡고 달리는 모습을 보면서 그가 자랑스럽다고 느낀 적이 있다 .

국민 소득이 높아지고 사회가 복잡하다고 볼 때 굽은 소나무가 줄어만 가는 것은 당연 지사라고 할지도 모르지만 그래도 굽은 나무도 필요하고 곧은 나무도 필요한 것은 아무리 세상이 변해도 마찬가지 일 것만 같다.

꽃무릇

맥문동 잎 보다 더 파랗고 무성하던 이파리
오월의 훈풍에 갑자기 사그라지더니
죽었는지 살았는지 소식이 없다가
벼이삭 굽었다는 구름 전화 받고서
잠자다 급하게 나오는지 알몸이구나
부끄러워 그런지
얼굴이 빨간 꽃무릇
그래도 뿌리만은 단단해 석산화(石蒜花)란다.

꽃의 사월

서리가 오고 눈이 내리는 날도 있었지만 만물은 보이는 듯 안 보이는 듯 대지의 생물들이 그 누구도 막을 수 없을 만큼 힘차게 움직인다.

4월은 참으로 바쁜 달이며 변화가 많은 달이다. 분주하게 움직이고 있으며 여기저기서 피기 시작한 복수초며 산수유, 매화 등이 꽃을 자랑하는가 싶더니 목련이 피고 지고 하다가 급기야 벚꽃이 온 천지를 환하게 한다.

여기저기서 벚꽃 축제가 열리고 이러한 현상을 이용한 마라톤 대회 등 체육 행사가 열리는가 하면 각종 문화 행사가 추진되고 있으며 우리고장 청양에서도 벚꽃 피는 시기를 잘 예측하여 정확한 시기에 장승 축제를 연다. 청양은 전국에서도 벚꽃이 늦게 피기로 유명한데 예측이 잘 되어 하늘이 안 보일 정도로 화창하게 핀 벚꽃 길을 달려서 축제장으로 가는 상춘객들의 마음을 흐뭇하게 해 주고 있으니 정말로 잘 하는 것 같다. 두견주로 유명한 당진시 면천읍의 진달래 축제는 의미를 더하게 하는데 우리네 산에 빨갛게 핀 진달래는 벚꽃에 밀려 대접을 못 받는 것 같아 아쉬운 생각이 들기도 한다. 특히 청양의 농업기술센터 직원이 개발한 백 진달래는 그 고고함의 백의민족의 참 뜻을 이어 가는 듯한 생각이 들 정도로 아름답지만 각 기관에서는 관심도 없는 듯한 생각이 들 때는 서운한 마음이 백 진달래에게 미안한 것 보다 나의 마음이 안 좋은 것 같기도 하다.

그런데 4월의 꽃 이야기를 하면 벚꽃을 가장 먼저 떠올리지만 과수원에 가면 정말 멋있는 복숭아꽃이 농부들의 마음을 흡족하게 하고 보는 이들도 사진 한 장을 만들고 싶은 심정을 행동으로 옮긴다.

또 옛 시인이 "이화에 월백하고 은한이 삼경인데…" 하는 시를 읊었듯이 배꽃 또한 우리의 마음을 흐뭇하게 한다. 그런데 나무에 피는 꽃들은 한결 같이 잎보다 꽃이 먼저 피기에 그 화창함을 더하고 있다.

꽃 하면 나무에 피는 것으로 생각하는 사람들이 많다.
그렇지만 정작 조용히 피면서 예쁘게 웃고 있는 꽃들이 더 많다고 본다. 낮은 곳에서 피는 꽃을 보려면 종류도 색깔도 모양도 그야말로 각양각색이다.

하얗게 핀 민들레는 우리나라 특유의 민들레로 약이 되는 민들레이고 노란 꽃의 민들레는 외래종인데 우점하고 있어 여기저기서 노란 꽃을 피우고 있으며, 광대나물 꽃은 색이 정말 아름답고, 코딱지나무물꽃은 작지만 앙증맞은 꽃이다. 냉이 꽃은 하얀 색으로 결실이 아주 잘 되어 후일을 기약하기 좋은 꽃이다.

꽃 하면 그래도 그 종류가 나무에서 피는 꽃보다 풀의 상태로 그것도 자연생으로 피는 꽃들이 종류도 많고 자세히 살펴보면 꽃 모양도 더 아름답다는 생각을 할 때가 많다.
자연의 이치를 꾸며 놓은 조물주의 생각이 얼마나 치밀하고 정교하며 모든 생물의 조화를 그렇게 잘 꾸며 놓았을까.

세월이 우리네 인간을 만든 것 인가 아니면 이들 꽃을 위해 만든 것인가? 한 가지 분명한 것은 번식을 위한 방편으로 만든 것이 꽃일 진데 그것을 사람들이 욕심을 부려 방해하는 것은 아닌지, 또 반대로 생각하면 사람들이 이들의 번식을 돕는다는 취지인지 분간은 어렵지만 아무리 생각해 보아도 꽃을 위해 사람이 행동하는 것보다 사람 위해서 활동한다는 생각이 지워지지 않는다.

필자는 오늘 두 시간 정도 산과 들을 돌아보고 나무에 핀 그 화창한 꽃보다 더 아름다운 꽃들이 사람들을 향해 하려면 해봐라. 너희가 아무리 우리를 마음대로 하려 해도 절대로 굽히지 않을 것이다. 하고 외치는 것 같은 느낌을 받았다. 왜냐하면 그렇게 열악한 환경에서도 온천지가 풀꽃으로 덮여있고 이 꽃들은 사람들이 농사를 하는 터전 위에서도 자신 있게 자라며 꽃을 피우는 모습을 보았기 때문이다.

　꽃 그는 곧 생명의 원천이며 생존의 길을 향해 투쟁하는 생식보존의 길이기 때문이다. 그래서 사람들이 열심히 뽑고 갈아 엎어도 쉴 사이 없이 나고 자라고 꽃을 피우고 열매를 맺는 것이다

　사월은 꽃의 계절이기도 하지만 대지가 솟아나는 느낌이 들 정도로 각종 풀과 나무, 싹들이 구름처럼 일어나 어제가 옛날 같다는 생각이 든다. 이러한 초목들이 세찬 기운으로 일어나는 순간 필자는 무서울 정도의 전율을 느끼게 된다. 그 이유는 이놈들이 나에게 세월이 또 가고 있다며 밀려오는 힘은 나를 늙게 한다고 외치는 것만 같아서이다.
　세상이 변하면 사람도 변해야 하는데 나는 변하고 있는 것인가 늙어만 가는가 생각해 본다.

　이제 나무에 핀 꽃들은 서서히 새로운 세상을 향해 출발하는지 여기저기서 꽃 이파리가 눈송이처럼 휘날린다.

우리네 인간도 세월이 가면 이렇게 떨어지겠지. 4월 화창한 꽃의 계절도 커가는 열매를 뒤로 하고 푸른 오월에 계절을 넘겨주듯이 우리도 무엇이든 남기고 가야 한다는 생각을 해본다.

꽃

그렇게 꺾고 싶었던 그 꽃
향기는 그대로 인데
빛깔도 그대로 인데
힘이 모자라 꺾지 못하나
그래도 그대
정말 향기가 나네

노송들이 사라지고 있다

　청양군 청양읍에는 송방(松防)리라는 법정리가 있다. 그리고 행정상으로 송방3리에는 방죽굴이라는 명칭의 마을이 있다. 순수한 우리말의 방죽 굴을 구태여 한문으로 방축(防築)골로 바꾸려 하는 사람들도 있다.

　이 마을이 생기게 된 것은 자연 현상 이겠지만, 1945년 해방이 될 때 까지는 청양읍에서 가장 큰 방죽이 있어서 청양의 곡창인 고리 섬들의 벼농사를 위한 물 저수 역할을 해왔는데, 이 방죽이 언제 어떠한 과정을 거쳐서 만들어 졌는지는 알 수 없고 청양군지(青陽郡誌)등에도 옛날부터 방죽이 있었고, 자연스럽게 방죽 굴이라고 했고, 그 둑에는 큰 소나무가 나고 자라고 소멸되고 하면서 송방리(松防里)라고 한 것 같다.
　한편 이 방죽을 중심으로 동쪽 400미터 지점에는 청양 중학교가 있는데 이 학교에는 청솔(푸른 소나무) 이라는 체육관이 있다. 이름을 지을 때에는 여러 가지를 참고하게 되는 것 아닌가.

또, 방죽 서쪽 300미터 지점에는 청송(靑松)이라고 명명된 초등학교가 1950년대 초에 설립되어 현재까지 존재하고 있다. 이러한 전통은 방죽과 소나무에서 유래된 것이 분명하다.

지금도 이 방죽 둑(뚝)에는 몇 살이 되지도 상상할 수 없는 노송들이 몇 나무 자라고 있는데 지난번 비바람이 불면서 한그루의 소나무가 부러졌다. 정말로 아까운 나무다. 100년 전이나 50년 전이나 현재나 크기가 같다는 마을 어른들의 말씀을 들으면서 부러진 소나무의 가지 면적을 추산하니 100제곱미터는 훨씬 넘을 것 같다. 나무의 가슴 높이 둘레는 172센티미터가 된다. 다른 곳에 있는 것도 아니고, 방죽 둑에 있어서 경관을 좋게 하고 그늘도 만들어 주던 나무가 부러져 버렸으니 얼마나 아까운지 모른다. 몇 년 전에도 태풍에 한 그루가 쓰러져서 베어 냈는데, 이번에 또 소실되어 정상적인 소나무는 두 그루 밖에 남지 않았다. 하지만 그 누구도 소나무를 가꾸거나 보존하려는 노력을 하지 않는 것 같으며 다만 지나가는 사람들이 "아! 그 소나무 정말 멋있고 좋다!" 라고 한다.

관계당국에서도 이 유서 깊은 좋은 소나무를 보존하는데 신경을 좀 써주기 바라며 쓰러진 나무를 잘라 장승이나 깎겠다는 생각은 나중에나 해야 할 것 같다.

남은 노송이라도 오래 오래 보존되기를 바란다.

말릴 수 없나요

　초등학교 다니는 손자가 "할아버지 여기 개나리꽃 피었어요. 개나리는 봄에 피는 꽃이 아닌가요?" 한다. "어디" 하고 보니 정말 노란 개나리가 피어있다. 그것도 한두 개가 아니고 여기저기 피어있다. 자세히 살펴보니 진달래도 피어 있고, 철쭉도 몇 송이 피어 있는가 하면 벚꽃도 피고 목련도 피었다.

　2019년 12월 1일 일요일의 일이다. 이들이 피는 시기는 분명 봄인데 늦가을에 핀 것이다. 오늘 식물원을 돌아보며 내년 봄에 피어야 할 꽃들이 많이 피어 있는데 왜 이런 현상이 나타나는가. 사람들은 온난화 현상으로 꽃이 미리 핀다고 하기도 하지만 이것은 분명 정상이 아닌 것 같다.

　원래 봄에 피는 꽃들은 일정한 저온 상태에서 필요한 시간을 거쳐야 정상적으로 개화하는 법이다.

한 예를 들면 가을에 심는 보리를 봄에 심으면 저온상태를 거치지 않아 출수와 개화가 안 되어 폐농하게 되는데, 이를 타파하기 위하여 일정의 시간을 저온에 두는 소위 춘화처리를 해야만 출수도 되고 꽃도 핀다. 이러한 저온 처리를 해야만 꽃이 피고 열매 맺는 식물은 딸기를 비롯한 여러 식물들이 있다.

요즈음에는 농업기술이 발달하여 이를 과학적으로 극복한 사례들은 많이 있지만 자연 상태에서 시도 때도 없이 피는 꽃들을 보면 미친 꽃들 같다.

세상이 자꾸만 어지러워지고 비정상이 정상인 것처럼 보이는 경우가 많은데 자연에 존재하는 식물들 까지도 미쳐 버리는 것은 아닌지 하는 생각도 든다. 요즈음 우리지역의 시내버스에는 치매예방을 위해 의료원이나 보건소를 찾아오라는 광고가 늘비하다. 치매는 정상이 아니고 비정상의 태도를 보이는 행동을 하는 것이라 하는데 비정상인 사람들이 자꾸만 늘어나고 있다는 증거일 것이다. 필자는 근간에 텔레비전 시청하는 것이 즐겁지 않을 때가 많이 있다. 온갖 비리와 비정상의 사건과 사고로 채워지는 세상이 된 것 같은 내용으로 시간을 보내고 있기 때문이다.

가을에 개나리가 피는 사람, 가을에 배꽃이 피는 사람, 겨울에 복사꽃이 피는 인물, 개천에 용 났다며 큰 소리 치는 인물들, 이들을 말릴 수는 없는 세상이 되어가고 있다는 생각이 들 때가 한 두 번이 아니다.

솔나무에는 솔잎이 나와야 하고, 단풍나무에는 단풍잎이 나와야 하고, 사과나무에는 사과가 열리고, 앵두나무에는 앵두꽃이 피어야 제격이라고 알아 왔는데 사과나무에 복숭아가 열리는 것이 정상이라고 우기니 이를 어찌 말린단 말인가.

하기야 "누구를 위하여 종을 울리나" 의 저자 헤밍웨이도 정상으로 살지는 아니 했다고 하며, 사대 성인의 한사람이라는 소크라테스도 50세에 30세 연하의 처녀 크산테스와 결혼하여 세 자녀를 두고서도 집안일을 돌보지 않아 남편에게 소리치고, 물을 퍼붓고, 뺨을 때리는 세상에 없는 악처로 만들고 "내가 이 여자만 잘 다룬다면 세상을 다스리는데 문제가 없을 것이다" 란 말했다는데 할 말은 없다.

하지만 이런 일들은 사람의 행동에서 나온 것이지만 자연 상태가 억지도 아닌 꽃들이 피고 잎이 피며 괴상한 행동을 하는 모습을 보면 분명 비정상이다. 필자는 손자에게 꽃이 피는 이유를 제대로 설명하지 못하고 비정상이라고만 말했는데 내 행동은 정상이라고 볼 수 있나.

어느 학자가 말했단다. "소설가가 소설 같이 살지 못하고 법률

가가 법률 같이 살지 못하며, 시인이 시인 같이 살지 못 한다"고 정치가도 국민을 위한 진정한 애국애족의 정신으로 사는 사람이 많이 있다는 생각이 들지 않을 때도 있다. 비정상이라는 생각이다. 비정상 이것을 말릴 수는 없나.

제일 먼저 핀다는 납매화가 2월에 피다 1월에 피고, 요즈음처럼 12월에 피는 모습은 그래도 아주 정상이다. 4월이나 5월에 피어야 할 꽃들이 11월에 피면 정상이라고 볼 수 없다.

유치원에서는 어린이에 맞게 교육해야 하고 대학에서는 대학생의 수준에 맞게 교육해야 나라가 바로 선다. 미분 적분을 초등학생에게 교육하면 어렵다. 대학에 들어가기 위한 교육만 하면 사회에 나와 써먹는 것은 별로 없고 인륜과 도덕에 대한 것이나 사회생활에 대한 철학을 게을리 하면 11월에 개나리꽃이 필 수 있다. 엉덩이에 뿔나는 현상은 막아야 한다.

치매 현상은 어쩔 수 없다고 할 것이 아니라 의료계의 말대로 예방해야 한다. 정상이 아닌 비정상을 말릴 수 없을까.

물이 더해진다는 것(合水)

이 물과 저 물이 합하여 더 많은 물이 되는 것을 합수(合水)라고 한다.

지역의 이름이 이 합수에 의하여 지어진 경우는 상당히 많은 것 같다. 예를 들면 "양수리", "세내 받지", "세내 다리", "두물리" 등 많은 이름이 있다. 물이 합치는 마을을 "합천리"라 하기도 하며, 양수나 삼수가 합하여 지는 곳은 자연적으로 재물이 모아질 수 있는 곳으로 서민들이 잘 살아 보겠다고 이러한 곳의 근처에 집을 지으면 재산이 모아진다는 말도 있다.

필자도 이러한 말은 믿고 싶다. 왜냐하면 자연이란 결국 하나이면서 여러 갈래인데 이들이 합해지면 지구가 편하다는 의미도 갖고 있기 때문이다.

물은 본래 지구상의 살아 있는 모든 것의 기본이 되며 무생물도 물과의 연관이 너무나 많기 때문에 합쳐지는 것은 분리하는 것보다 상당히 좋다. 세계화라는 말도 결국 합한다는 말이 되고 유로화라는 말도 합함을 의미하며 인간은 서로 도우며 살아야 상생할 수 있지 않은가. 우리나라만 보더라도 두만강 푸른 물이 동해로 흐르고 설악산 맑은 물도 동해로 흐르며 이 물들이 동해 바다에서 아무 표가 나지 않게 하나가 되고, 압록강의 물이 서해로 흐르고 금강의 물이 서해로 흐르며 영산강, 낙동강도 바다로 흐르는데 이 물들 역시 하나의 바닷물이 된다. 모두가 하나라는 의미가 아닌가.

그런데 왜 우리민족은 남북으로 갈라져 서로를 반목하고 있을까. 지구상에 어느 나라가 갈라져 있는 나라가 있나. 생각해보면 남의 나라 민족들의 의사에 의하여 분할되었고, 우리 민족사의 위정자들이 정치적 지배 의욕에 의하여 불쌍한 민족을 만들고 이러한 민족의 비극이 때를 잘못 만나 이산의 아픔을 가슴에 안고 살아가며, 누구는 떼쓰고 누구는 말리며, 누구는 큰소리치는가.

세상의 어디에 가든지 사람은 사람을 사랑해야 사람 같다고 한다. 그래서 서로 다르지만 아버지는 아버지 역할을 하고, 어머니는 어머니 역할을 하며, 아들은 아들 역할을 하고, 형은 형의 역할을 하며, 아우는 아우의 역할만 충실히 하면 가정이 편하다고 한다. 정치가도 정치가의 역할을 충실히 하고 권력을 가진 자 자기의 역할을 충실히 하면 그 사회가 편할 것이다. 모두가 합해서 지내도 모두가 상생하는 모두가 지면서 이기는 그런 사회가 되면 얼마나 좋은 사회인가.

 물이 합쳐서 더 큰 물이 되어도 물로서의 역할을 하기에 사람들은 물을 그리워한다. 물은 마음이 좁거나 답답한 사람의 생각과 기분을 넓고 크고 아름답게 한다. 마음이 이상하면 큰 강이나 호수 또는 바다로 가보자. 그리고 가슴을 넓게 해보자. 그러면 모든 것이 커질 수도 있다. 사람이 어머니의 뱃속 양수에서 나왔듯이 사람의 제일 안전한 피난처는 물이요, 어머니의 품속이라고 말한 사람도 있다. 물이 합쳐져도 그저 그런 것처럼 우리네 인간들도 자기의 역할을 충실히 하면서 지구상의 모든 인간이 합하여 서로 돕고 사랑하며 살아가는 그런 세상이 되면 얼마나 좋을까? 오늘도 두물리 사람들의 생활을 보면서 자연스럽게 합쳐진 자연의 이치를 곰곰이 생각해 본다.

복사꽃 피는 마을

복숭아나무를 복사나무라 하며 그 나무의 꽃을 복사꽃이라고 하는데 복숭아꽃이라는 말은 잘 사용하지 않는 경향이 있다.

오늘은 특별히 과거를 회상하면서 글을 전개하려 한다.

복숭아는 예로부터 효험이 있는 나무이며, 상상의 나무로 중국과 우리나라에 오래전부터 전해오는 것으로 알고 있다. 먼저 열매를 보면 중국인들이 복사나무를 통해 발휘한 상상의 극치인 장면은 한나라시대 삼천갑자(1갑자는 60년) 동방삭이 서왕모의 복숭아를 훔쳐 먹고 삼천갑자를 살다가 숯을 물에 씻는 사람을 보고 "이렇게 오래 살았어도 숯을 물에 씻는 사람은 처음 보았다" 하여 동방삭이 인줄 알아서 복사나무 회초리로 때려 잡아갔다는 설이 있는가 하면, 구천여 명의 부하를 거느리고 못된 일을 했다는 도둑의 두목 도척도 복숭아나무 회초리로 때려잡았다는 전설도 전해오고 있는 것으로 알고 있다. 복숭아는 사람이 상상을 못할 정도의 대단한 신의 경지를 품고 있어서 다른 신들이 접근을 못하기 때문에 제사를 모시는 제사상에는 복숭아를 절대로 올려서는 안 된다는 풍습이 예로부터 현재까지 전해오고 있으며, 실제로 어느 누구도 제사상에는 복숭아를 올린 사람도 올리려고 실천한 사람도 없다고 한다.

　이제 복숭아나무에 대하여 알아보고자 한다.
　사람의 몸에는 세 개의 복숭아뼈가 있는데 하나는 목에 있고 하나는 왼쪽 발목 또 하나는 오른쪽 발목에 있으며, 우리 몸의 목안에 있는 편도(복숭아뼈)는 하늘을 의미하고, 왼쪽다리 복숭아뼈는 땅을 의미하며, 오른쪽 복숭아뼈는 사람을 의미하여 천지인의 기를 담은 복숭아뼈가 인간과 상당한 연관이 있다고 보는 사람들이 많다.

　복숭아나무는 장미과의 나무로 꽃잎은 다섯 갈래로 되어 있고 수술은 다수의 붉은 수술이고, 꽃의 색깔은 연분홍이며, 꽃은 잎보다 먼저 피는데 지역에 따라서 다르지만 충남지역의 경우 4월 중하순에 핀다.

　그리고 워낙 많은 꽃을 피우기 때문에 장관을 이루어 꽃핀 지역을 이름하여 도원이라고 하기도 한다. 그리고 복숭아꽃을 관습적으로 복사꽃이라고 하며 모든 복숭아나무의 꽃은 통합하여 복사꽃이라고 한다.

그렇다면 복사꽃에 대하여 알아보고자 한다.

복사꽃의 전설은 중국에서부터 이어져 온 것 같다. 나관중의 삼국지에는 유현덕과 관운장 그리고 장비가 뜻을 같이하고자 장비의 집 후원에 핀 복사꽃 정원 즉 도원에서 천지신명께 제사를 올리며 형제의 의를 맺고 세상을 바로 잡아보자는 결의 즉 도원결의를 했다는 내용이 있는데 이는 복사꽃과 하늘과 땅과 인간의 관계가 있음을 뜻한다고 볼 수 있다.

그리고 중국 유명 문학인의 한사람인 도연명은 "도원 원기" 라는 단편 소설에서 복사꽃의 소중함을 표현했는데, 대략 알아보면 복사꽃이 만발한 도원의 강에서 무능의 한 어부가 배로 강을 따라 올라가다보니 길은 막히고 조그만 한 굴이 있어 배를 버리고 그 굴로 들어가 보니 별유천지 비인간이라 사람들이 행복하게 살고 있으며 인정이 많은 사람들은 어부를 모셔다 후한 대접을 하는 지라 너무 감사하게 느끼며 떠나는 인사를 하니 친절히 안내하며 이곳에 대한 이야기는 하지 말라 했는데도 나오면서 표시를 하며 나왔고, 나중에 관아에 신고하여 관아에서 찾으려 했어도 찾지 못했다는 내용이라 한다.

그러면 우리나라의 도원에 대한 이야기를 알아보고자 한다.

먼저 세종대왕의 셋째 아들이며 문장가로 이름을 날리던 안평대군의 꿈에 나타난 도원의 내용을 들은 안견이 1447년(세종29년)

보지도 아니하고 그린 유명한 "몽유도원도"는 사람들의 감동을 받아 충분하다고 하는데, 이 그림은 지금 일본 대학에서 소장하고 있다고 한다.

이제 우리나라 사람들의 복숭아에 대한 생각을 담은 지명을 알아보고자 한다.

먼저 강원도 영월군은 근래에 수주면을 무능도원면으로 바꾸었다고 한다. 복사꽃의 아름다움을 관광 상품화 하겠다는 의도로 풀이된다.

그리고 강원도 정선군 남면에는 예부터 불리어진 무능리가 있으며, 경북 안동시 문후면 무능리. 경북 상주시 은천면 무능리, 경남 함양군 칠서면 무능리, 제주도 서귀포시 대정읍에도 무능리가 있는 것을 보면 전국에 복사꽃의 가치가 마음속에 전해져 오고 있는 것 같으며.

도원리는 충북 괴산군 청천면 도원리, 충북 보은군 내북면 도원리, 청주시 내수읍 도원리, 청주시 문의면 도원리, 충남 천안시 병천면 도원리, 당진시 송악읍 도원리 등 도원리와 무능리가 곳곳에 존재하고 있음은 우리 민족의 상상에도 많은 영향을 끼치고 있다고 볼 수 있을 것 같다.

이제 복사꽃 피는 마을에 대하여 알아보고자 한다. 때는 1968년 최 풍씨의 작품인 "복사꽃 피는 마을"이 KBS 라디오 드라마로 30여회 방송된 적이 있는데, 작가 최 풍씨는 당시 농림부의 권유를 받고, 농촌진흥청을 찾아가 소재가 충분한 지역을 추천받아 충남 청양군 화성면 수정리 물안이 마을을 중심한 농촌근대화 사업의 모범이 되고 있는 사람들의 모습을 보고 감명을 받아 드라마 제목을 "복사꽃 피는 마을" 이라고 한 것 같다.

마을 사람들은 남녀노소를 불문하고 공동으로 농 작업을 하고, 공동으로 밥을 먹으며, 저녁에는 문해반, 초등반, 중등반, 그리고 옷 등 생활 용품을 만드는 일을 교육하고 실습하는 생활을 하며, 슬로건으로 "좋은 것을 더욱 좋게", "실행으로 배우자" 라고 요소요소에 써 붙이고 생활화 하는가 하면, 모임이 있으면 모두가 오른손을 들고 대표자가 먼저 "맹세" 하면 모두가 따라서 후창 하는데
　"나는 나의 부락과 사회와 우리나라를 위하여,
　　나의 머리는 더욱 명석하게 생각하며,
　　나의 마음은 더욱 크게 충성하며,
　　나의 손은 더욱 위대하게 봉사하며,
　　나의 건강은 더욱 좋은 생활을 하기로 맹세함" 이라는 내용을 선창자의 유도에 따라 남녀노소가 같이 크게 외치는가 하면, 식사를 하기 전에도 선창자의 유도에 따라 오른 손을 번쩍 들고 "식훈" "한 알의 곡식이라도 농민의 피와 땀과 정성이 깃들어 있음을 알자" 하고 선창자의 구령에 따라 외친 후 "식사 개시" 하면 "감사히 먹겠습니다" 한 후 밥을 먹는다.

이렇게 재미있고 인간다운 생활을 불평없이 이어가는 사람들과 마을을 보며 드라마 원고를 쓰고 제목을 쓸 때 무능도원이 생각났으리라 믿어 의심치 않으며, 그 시절 전기도 전화도 없는 마을에 등불을 켜며 일하고 배우던 모습은 당시 고려대학교에 다녔던 지도자 백광현씨와 솔선해서 과제를 지도하던 임동걸씨 등 개화된 지도자들이 앞장서 활동한 덕택으로 보인다.

　그 당시 필자는 해당 부서의 공무원으로 근무했었는데, 옛날 생각이 나서 수정리 마을을 찾아가 보니, 부락민들이 만들어 세운 '복사꽃 피는 마을' 방송 기념비가 세워져 있었고, 그 당시 드라마에 나왔던 임동걸씨와 임한익씨가 그 때 그 시절의 행복했던 추억들을 이야기해 주었으며, 마을 주변 길가에는 수백 그루의 개 복사나무를 부락 공동으로 심어 장관으로 핀 복사꽃은 환한 무능도원 같이 보였다.

붉나무

가을이 오면 가장 먼저 붉어지는 잎
붉다 못해 불인같이 타는 것 같은데
뜨거운 듯 옷을 홀딱 벗는다.
알몸 되어 겨울을 지낸다.
철따라 옷 입는 붉나무.

비오는 날에 "생각"

오늘은 3월의 마지막 날이다. 비가 내리고 있다. 필자의 뇌리에 문득 생각나는 것이 빗물의 온도는 몇 도라고 했더라 하는 기억으로 간다. 어느 작가와 시인들은 봄에 오는 비든, 여름에 오는 비든, 가을에 오는 비든 모두가 오도라고 한다. 좀 감성적으로 하면 비가 오도다! 비가 오도다! 이렇게 표현하여 억지이면서 자연스럽게 빗물의 온도를 5도씨로 만들어 버리는 것이다. 그런데 오늘 내리는 빗물의 온도는 정확히 오도인 것 같다. 믿거나 말거나… 그리고 비가 오는 시간은 밤에 오든 낮에 오든, 새벽에 오든 오시에 온다. 시골 노인의 말씀이다. 시골 노인들은 비가 온다고 하지 않는다. "비 오신다" 라고 한다. 지금이야 기계가 좋고, 전기도 있어서 샘을 파고 물을 끌어올릴 수 있어서 물 걱정을 줄이고 수리 시설이 좋아서 비를 기다리는 마음이 전 같지는 않다고 하지만, 그래도 시골 노인들은 "비가 오시다! 비가 오시다!" 라고 하신다.

지금 지구상에는 어느 곳에는 홍수가 나고 어느 지역은 가뭄에 물 걱정을 하고 있다고 한다. 지구의 변화에 따른 현상도 있고, 사람의 잘못과 욕심으로 만들어진 결과가 이런 현상으로 나타난다고 한다. 비가 오지 않으면 기우제를 지내는데 한국 사람이 기우제를 지내면 한참을 기다려야 비가오고, 제갈량이 지내면 단번에 오고, 인디언의 추장이 지내면 반드시 비가 온다고 한다. 알아본 결과에 의하면, 한국 사람은 성미가 급하여 2시간 이상 기우제를 지내는 사람이 적고, 제갈량은 미리부터 기도를 드리고 천문을 보아 기우제를 지내며, 인디언 추장은 한번 기우제를 지내기 위하여 제단에 올라가면 비가 내릴 때까지 기도를 드리기 때문에 반드시 비가 온다고 한다.

이제 다른 말로 가보자, 비가 안 오면 물을 퍼 나르기도 하고 기우제도 지내고, 인공 비를 내리게 하기도 한다. 그런데 요즘 같이 비오는 날이 많아 일에 지장을 받는 사람들이 비가 안 오게 하려면 무슨 제사를 지내야 하는지 답답하다는 말을 하는 사람도 있는 것 같다.

적은 양의 비만 와도 문제가 생기는 경우가 있는데 많은 양의 비가 내리면 정말 고단한 사람이 많을 것이다. 무어라 이름 짓고 어떻게 해야 할까. 아무리 사람의 힘과 과학적 능력이 있다고 해도 아직은 갈 길이 먼 것 같다. 그렇다고 인디언 추장을 모셔다 비가 그칠 때까지 제사를 지낸들 무슨 소용이 있을까. 코끼리 목에 붙은 개미가 "요녀석 목을 한번 졸라서 기절시켜 볼까" 하는 말 같기도 하다는 생각을 해 본다.

　　인간이 자연 속에서 자연과 더불어 살아가면서 잠깐 빌리는 땅이지만, 어떤 사람은 역 자연을, 어떤 사람은 순 자연을 하면서 살아가고 있는데, "비가 오도다! 비가 오도다!" "비가 오시다! 비가 오시다!" 만 찾을 수도 없고 그저 최선을 다하는 것이 우리가 할 일 같다. 그저 올해도 우순풍조하여 농사도 잘되고 돈도 많이 버시는 해가 되길 바랄 뿐이다.

빛을 찾아서

　세상은 어두운 곳과 밝은 곳이 존재한다. 그사이에 많이 어두운 곳과 조금 어두운 곳이 있는가하면 많이 밝은 곳과 조금 밝은 곳이 천차만별로 있게 마련이다. 이것은 이 세상에 존재하는 모든 생물 즉, 동물과 식물 모두에 적절하게 필요로 하는 밝기를 주면서 살아가도록 하는데 이것을 가장 민감하게 느끼는 것이 식물일 것이다. 왜냐 하면 식물은 특히 녹색식물은 태양을 이용하여 삶을 이끌어가면서 동물에게 에너지를 공급하는 중요한 역할을 하기 때문이다.

　그중에서도 인간은 동물과 식물이 좋아하는 밝기의 종류를 잘 이용하여 인간의 삶에 요긴하게 사용하기 때문에 빛의 밝기와 동식물의 삶에 대하여 가장 잘 알려고 하고 잘 이용하고 있다

　그런데 좀 엉뚱한 얘기 같지만 사람들은 빛을 너무나 잘 이용하여 문제가 되는 경우도 있다는 것이다. 예를 들면 세상을 살면서 저

쪽은 뜨는 해, 저 사람은 뜨는 해요, 이쪽은 지는 해라는 판단을 하면서 뜨는 해를 찾아서 동분서주 하면서 빌붙어서 살아가는데 실질적 이득을 챙기는 사람이 많이 있다는 것이다. 정말로 현명한 방법일 것이다. 하지만 이것이 지나치면 부족함만 못하다는 말도 있는데 양지를 너무 밝히는 사람들이 있다고 비웃음을 받으면서도 계속 뜨는 해만을 찾아가는 사람이 있는가 하면 지는 해도 해임에는 틀림이 없으며 내일 다시 뜰 것이라는 기대를 하는 사람이 있는가 하면, 뜨는 해도 지는 해도 상관 안하고 있으면 이문도 없지만 특별히 손해를 볼 일도 없다고 하는 사람도 많이 있는 것 같다.

좀 더 엉뚱한 생각을 해보자. 요즈음 동해안의 오징어 배들이 서해안으로 와서 오징어를 낚시로 잡는다는데 그 방법이 정말로 신기하다. 어두운 밤을 이용하여 배에 밝은 빛을 비추면 오징어 들이 빛을 향해 몰려드는데 이때 낚시를 드리우면 백발백중으로 잡힌다고 한다. 낚시가 좋은 것인지 기술이 좋은 것인지 빛이 좋은 것인지는 차치 하고라도 분명한 것은 밝은 곳만을 좋아하다가 생명을 저버리는 오징어의 신세라는 사실이다. 필자는 지금 전주가 서있는 옆방에서 이글을 쓰고 있는데 날 파리들인가, 아니면 하루살이 인가, 물론 하루살이나 날 파리도 자기의 일생은 있게 마련인데, 지금 전주에 붙어 있는 밝은 빛을 향하여 질주해 오고 있다. 아마도 이들 대부분은 오징어와 같은 운명의 길을 갈 것이라고 단정할 수 있을 것 같다.

빛은 정말로 좋은 것인데 너무 탐을 내면 고생하는 정도의 도를 지날 수도 있다.

만일 이 세상에 빛이 한 달만 없다고 하면 세상이 어떻게 될까.

지금은 전기만 얼마간 없어도 모두가 물 때문에 죽을 판인데 하물며 빛이 없으면 인간이 살아남을 수 있겠는가.

분명 빛은 희망이요, 생명이요, 과거이고 현재이며, 미래인 것일진데 이 빛을 찾아서 나가야 한다. 그러나 너무 쪼이면 시들어 가는 식물이 될 것이요, 너무 좋아하면 오징어처럼 잡히는 신세가 될지도 모른다. 그저 적당히 그리고 모든 동물과 식물처럼 자기에게 알맞는 빛만을 찾아서 보람있고 행복한 삶을 후회없게 살았으면 하는 생각도 해본다.

그런데 그게 그렇게 되느냐, 이 말입니다. 때에 따라서는 구름도 끼고 바람도 불고 비도 오고, 태풍도 불고 폭우도 쏟아지는가 하면 사막처럼 뜨거운 태양만이 내려 쬐는 날도 있으니 오직 하나님께 그리고 모든 신에게 "나에게 주어진 빛만을 적당히 주소서" 하고 기도할 따름이지.

산에 올라

아름다운 산,
맑은 공기,
깨끗한 물,
산은 나를 부릅니다.
머리도 맑아지고,
마음도 가벼워진다고,
불어가는 산바람에 마음을 씻고,
가슴을 크게 하여,
외쳐봅니다.
나도 작은 우주라고.

삼계탕과 계삼탕

2016년 7월 17일이 초복이고, 27일이 중복이라고 한다.

방금 가두방송 소리를 들으니 여름더위에 살아가면서 주의해야 할 사항 즉 건강을 지키는 방법에 대하여 충청남도가 중점을 두고 있는 내용을 방송하는 것 같다.

음식이며 물놀이며 손발 닦기, 그리고 위생관리와 질병관리에 대한 내용 같다. 사람들이 이런 내용들을 소홀히 하여 건강에 지장을 받는 경우가 많으니 관심을 갖고 생활하라는 내용으로 인식 된다.

그런데 여름철 복중에는 보양식을 먹어야 기력을 잃지 않고 건강하게 살아갈 수 있으며, 그 보양식의 대표라고 할 수 있는 삼계탕을 먹으면 좋다고 한다. 삼계탕도 영계백숙도 다 좋은 것이고 삼계탕에는 그 재료가 영계, 인삼, 마늘, 대추, 찹쌀이 기본적으로 들어가고, 여기에 밤도 들어가는데, 요즈음은 특별히 녹두를 넣어서 국물이 진하고 맛도 좋게 하는 식당이 있어 더 인기를 끈다고 한다. 그저 먹기 좋고 맛도 있으면서 보양식도 된다니 참 좋은 음식이고 인기가 있는 것 같다.

아주 오래전의 일이지만 어느 지인과 같이 삼계탕을 먹는데 뜬금없이 "이것은 삼계탕이 아니라 계삼탕"이란다. 왜 그러냐고 물으니 "삼계탕은 인삼이 닭보다 비싸다 할 만큼 많이 들어가야 하는데 우리가 먹고 있는 것은 실뿌리 같은 작은 인삼 하나만 들어가 있어서 삼계탕이 아니라 계삼탕"이라는 이야기다. 그도 그럴 것 같다는 생각을 했는데, 그 후 인삼의 고장 금산에 가서 삼계탕을 대접받을 기회가 있었고, 그분들도 "여러분이 지금 드시고 있는 것은 삼계탕이고, 다른 곳의 삼계탕은 계삼탕" 이라면서 똑같은 말을 하는데 자세히 살펴보니 삼년 근 인삼 다섯 뿌리가 들어 있고 인삼 향기도 많이 나는 것을 느낀 적이 있다.

좌우간 요즈음처럼 무더운 시절에는 우리나라 보양식의 대표라 할 수 있는 삼계탕을 먹는데 쫀득쫀득한 닭고기 위에 깍두기를 얹어 먹다보면 어느새 이마와 콧등에 땀이 송골송골 맺힌다. 한 그릇 배불리 비우면 몸도 마음도 좋아지는 것은 당연지사다.
그 연유를 알아보면 닭고기에는 메티오닌과 라이신등 필수아미노산이 풍부해 간 기능 회복과 혈액 순환에 효과가 크다고 하며, 특히 닭 가슴살에는 원기를 회복시켜주는 이미타졸디페이드가 많이 들어 있다고 한다. 철새의 골격근에 풍부하게 함유된 이 성분은 철새가 장시간을 비행할 수 있는 힘의 원천으로 밝혀진 물질이라 한다.

또 삼계탕은 노화방지와 암 예방에도 도움을 준다는 인삼과 얼큰한 국물 맛을 내는 마늘이 들어가고 이들은 몸 안에 있는 나쁜 활성 산소를 없애 노화를 늦추고 암을 예방하는데 효과적이라고 한다. 또 닭고기에 함유된 콜라겐은 피부를 탱탱하게 만들어 준다.

삼계탕에는 대추가 들어가는데 대추에는 사포닌과 다당류의 일종인 폴리삭카라이드가 들어 있어 신경을 안정시키고 불면증을 개선시키는데 효과가 있다고 한다.

닭고기의 트립토판이라는 성분도 수면을 유도하는데 도움을 주고 "행복 호르몬"이라는 세로토닌의 촉진을 돕는다고 한다.

소화가 잘 안되는 분도 부담이 없으며 닭의 육질도 부드럽지만 찹쌀이 맵쌀보다 소화가 되기 쉬운 구조로 되어 있다는 사실이다.

그래서 우리나라의 삼계탕이 중국을 비롯한 동남아와 세계로 수출이 추진되는 것 같다.

한 가지 분명한 것은 영리를 너무 챙기다보니 너무나 형식적으로 첨가물을 넣는 경우가 있어 집에서 해 먹지 않으면 제 맛이 아니라는 사람도 있고, 어느 곳의 삼계탕은 정말 맛있다고 하는 사람들도 많이 있다. 필자도 7월의 모임에는 부부 동반으로 참여하도록 하고, 삼계탕을 특별히 주문하여 대접했다. 모두가 잘 드시고 좋아하시니 정말 의미 있는 것 같았다.

삼계탕이든 계삼탕이든 정성들여 만들고 기분 좋게 먹으면 보양식이라는 생각을 해보면서 필자가 자랄 때는 삼계탕도 없었고, 60년대 이후에 태어난 이 삼계탕을 즐겨 먹을 수 있는 세상에 살고 있으니 행복하다는 생각도 해 본다.

그리고 여름의 보양식 삼계탕이라지만 보양을 위해서는 일 년 중 어느 때에 드셔도 보양식이라는 말을 꼭 하고 싶다.

상사화

　상사화 라는 말은 사전적으로 꽃이 잎을 보지 못하고 잎이 꽃을 보지 못하는 식물을 의미 하는 것 같다. 하지만 이런 식물이 나무(복숭아나무, 앵두나무, 사과나무, 배나무 등)를 비롯하여 수도 헤아리지 못할 정도로 많다는 사실 또한 간과할 수 없다.

　그런데 유독 잎이 봄부터 무성하게 자라다 5월쯤 온도가 높아지면 그렇게 무성하던 잎이 서서히 사그라 들어 형체도 볼 수 없이 되었다가 7월에서 8월 사이에 깨끗하고 아름다운 줄기를 뽀얀 모습으로 내밀면서 그 끝에 4-5개의 꽃송이가 청초하게 피는 상사화(우리지역 이름은 만무릇)만을 의미할까 하는 생각을 해 보지만 사람들은 유독 이 꽃만을 상사화라고 하는 지를 생각하고 이해할 경우가 많이 있다.
　상사화는 분홍색의 꽃이 피는 게 보통인데 빨간색, 노란색, 진분홍, 그리고 진노란 상사화가 있는데 진노란 상사화는 멸종위기 2급으로 분류되어 특별하게 관리하고 있어 보존 기관에서 보아야 제대로 볼 수 있는 귀한 꽃이다.

　이와 유사한 꽃이 있는데 9월에 피는 꽃무릇 이다.
　이 꽃도 상사화와 같이 잎이 꽃을 보지 못하고 꽃이 잎을 보지 못하며 깨끗하고 매끈한 줄기가 떼 지어 나오고 그 위에 4-5개의 빨간 꽃이 왕관처럼 자태를 뽐내는 아주 아름다운 꽃인데 사람들은 이 꽃도 상사화라 하지만 전문가들은 따로 분류한다.
　자세히 살펴보면 꽃무릇은 꽃이 지면서 바로 잎이 나와 파란색으로 겨울을 나고 상사화의 잎이 나올 무렵이면 꽃무릇 잎 자체가 사라지고 죽었는지 살았는지 알 수 없게 하다가 9월이 되면 언제 내가 죽었느냐는 식으로 꽃대가 나와 장관을 이룬다. 정말로 멋있는 꽃들이다.

　하지만 상사화는 당년에 잎이 나오고 온도가 올라가면 잎이 시들었다가 7-8월에 아름다운 꽃을 피운다. 그리고 꽃무릇은 상사화와 달리 잎과 꽃이 피는 시기도 다르지만 그 뿌리가 상사화에 비하면 아주 단단하여 석산화라고도 한다.

　보리가 익으면 피어나는 상사화. 벼가 익으면 피어나는 꽃무릇 이라고나 해볼까.

색은 달라도 모양이나 형태가 비슷한 상사화와 꽃무릇을 비교해 보면서 꽃무릇은 독이 많이 함유되어 있어서 사람이 먹을 수 없으며, 사람이 먹을 수 있는 일반 무릇과는 전혀 다르다는 사실도 배우게 된다. 오늘도 자연의 이치와 인간의 삶을 비교하면서 하늘이 만들어 놓은 자연은 참 오묘하고 깊은 뜻이 담겨 있다는 생각을 해 본다.

3

밉게 보면 잡초 아닌 게 없고,

곱게 보면 꽃 아닌 사람이 없으되,

그대를 꽃으로 볼 일이다.

결혼식 장에서

부모님 보호 하에
비, 바람 구름 맞이하면서
자라온 나의 인생
오늘에 사랑의 꽃이 피니
좋은 열매 맺어서
알찬 씨앗 퍼뜨리고
세상에서 사랑받는
좋은 과일 되리라.

감사한 마음

오늘은 내가 존재 한다는데 감사하는 마음을 표현해 보고자 한다. 내가 태어난 것에 감사한다. 그것도 다른 동물이나 식물이 아닌 사람으로 태어나서 세상을 더 넓게 더 많이 돌아다니면서 많은 것을 보고 배우게 되니 감사하다. 돌아보면 내가 태어난 곳이 청양 그것도 청양읍 송방리에서 태어난 것을 감사한다. 왜냐하면 초등학교, 중학교, 고등학교가 1킬로미터 안에 있어서 가난에 쪼들리던 가정 형편에도 몇 년씩 쉬어가면서라도 학교를 다닐 수 있었으니, 태어나고 살아온 것에 대하여 감사해야 하지 않은가.

그리고 고향에서 공직 생활을 하면서 청춘을 보내고 정년퇴임을 할 수 있었으니 그 얼마나 감사한 일인가.

나는 오늘도 많은 농토는 아니지만 열심히 일 할 수 있는 일거리가 있어서 어렵기는 하지만 건강과 취미삼아 일 할 거리가 있다는데 감사한다. 인생은 움직일 때 가치가 있다고 하지 않는가. 그래서 나는 더 감사하다고 느낀다.

　가족이 있어 때가 되면 모여 식사하고 대화하고, 때로는 다투기도 할 상대가 있으니 감사하며, 형제자매 등 가까운 사람들이 있어 언제나 나를 도와주니 감사하고, 술 한 잔 마시고 싶을 때 같이 동참해줄 분들이 계시니 감사할 뿐이다.

　나는 오늘 시장을 돌아보다가 어느 분이 이것 좀 들어서 옮겨달라는 부탁을 받고 열심히 옮겨 드렸더니 감사하다고 한다. 나는 그분보다 옮겨 드릴 수 있는 능력을 가졌으니 감사하다고 생각하며 "고맙습니다"라고 인사하고 자리를 떠났다.

　어떤 분이 그랬다고 한다. "나는 다리를 다쳐서 속상해 죽겠다"고 하자, 다른 사람이 "당신은 다리를 다쳐서 죽겠다는데 나는 다리가 없어졌으니 어떻게 해야 하나요?" 하면서 치료가 가능한 다리를 가지고 있으니 행복을 느끼라는 위로의 말을 하더란다. 좌우간 나보다 어려운 처지와 비교하며 감사해 해야 한다.

　"온갖 걱정거리들을 마음 졸이며 걱정한다고 해도 걱정한 일의 4%는 걱정한대로 일어나고, 96%는 쓸데없는 걱정이라고 한다. 나는 오늘 멋있다. 나는 오늘 건강하다. 나는 오늘 기분 좋다. 이렇게 생각하면 생각대로 이루어진다고 한다. 그래서 나는 이 말에도 감사한다.

나는 요즈음 바쁘다. 할 일도 한 일도 없는 것 같은 데 좌우간 바쁘다. 나는 사람이다. 그래서 움직여야 한다. 움직일 거리가 있어서 감사하다.

지면상 감사한 것들을 다 기록할 수가 없다 그래서 이렇게 매듭을 지으려고 한다. 어제까지 세상을 하직한 사람들이 그렇게 보고 싶어했을 오늘과 미래를 살아가는 나는 얼마나 행복하고 감사한가를 생각하며 고마움을 표한다.

그리고 노랫말 "홀로 아리랑"에 들어 있는 가사 중의 한 대목을 이용하자면, "가다가 못 가면 쉬어 가더라도 손잡고 가보자 같이 가보자."를 생각하면서 모든 사람에게 감사하고, 세상의 모든 것이 고마운 것들이라는 마음으로 살아가고 싶다.

기러기 재의 이야기 하나

　　기러기 재는 청양의 화성과 홍성의 광천 사이에 위치한 오서산을 넘는 고개를 말하며 오서산은 금산군이(서대산) 충남으로 편입되기 전까지는 충남에서 가장 높은 산이었고 따라서 제일 크고 높은 산으로 화성에서는 이 산을 넘어야 광천을 갈 수 있는 유일한 길인데, 이 고개 이름을 기럭재 라고들 말하지만 사실은 기러기 재이며 광천에서 화성으로 넘어 오다 보면 산의 생김새가 기러기 모양이고 기러기의 목에 해당되는 곳이 고개가 되어 기러기 재라고 하며 기러기재의 화성 땅이 명당이라 하여 묘를 만들고 물이 없다 하여 연못도 만들어 놓은 것을 볼 수 있다.

　　그리고 오서산의 동쪽 방향인 화성에는 오서산의 정기를 받아 살기가 좋고 인물이 많이 난다는 전설과 함께 실제로 오서산과 화성에 관련된 출중한 인물들이 많이 나타나고 있음도 사실로 보인다.

그런데 오늘은 오서산 기러기 재에서 일어났던 실화 한 토막을 적어 보고자 한다.

때는 6.25 전쟁이 끝난 1950년대 정말 살기가 어려웠던 시절이다.

사람들은 먹고 살기가 어려워 어린 풀과 나무껍질을 식량삼고 살 정도로 어려웠던 시절인데 먹을 것과 관련하여 일어난 실화로 한편으로는 한이 서린 기러기 재 이야기를 회상해 보고자 한다.

그 시절에는 청양의 화성에서 홍성의 광천을 오고 가는 유일한 길이 오서산 기러기 재인데, 험하고 길어서 혼자는 넘기를 삼가기도 하는 고개를 혼자 넘던 과감한 소년의 이야기로 실재 인물이 지금까지 살고 있는지도 모른다.

어느 봄날 정말 먹을 것이 없어 걱정하던 어머니가 초등학교(당시 국민학교)에 다니는 어린 아들을 광천으로 시집간 딸에게 보내며 혹시 광천 누나네 가면 먹을 것을 줄지도 모르니 다녀오라고 하자, 아들이 좋아하며 누나네로 떠나려 하자, 그냥 갈 수는 없다며 지난해 텃밭에 심어서 거두어 들인 고추를 절구에 빻아서(이때는 고춧가루를 만드는 유일한 방법이었다) 가루를 만들어 아들 손에 보내며 이거라도 누나네 주고 오라고 한다.

아들은 고춧가루를 들고 그 험한 기러기 재를 넘어 오후가 되어서야 광천의 누나 집에 도착하였고, 이런 저런 이야기를 하면서 누나가 차려준 밥을 먹다보니 저녁 무렵이 되는데, 자고 가라는 누나의 권유를 따르지 않고, 간다고 우기자, 할 수 없이 어린 동생을 화성 친정으로 보내게 되는데, 쌀 한 말(9킬로) 정도를 자루에 담아 주면서 "너 이거 메고 갈 수 있느냐?" 하니 동생은 기다렸다는 듯이 좋아하며 "가지고 갈 수 있다."고 대답하자 쌀 포대에 끈을 만들어 멜 수 있게 한 후, 아무래도 걱정이 되어 화성에서 친정어머니가 보내 주신 청양 고춧가루 일부를 싸주면서 "네가 지금 가는 기러기 재는 밤에 도적이 나타난다는 소문이 있으니, 만약 너의 짐을 빼앗으면 적당한 시간에 이 고춧가루를 도적놈의 눈에 발라 버리고 도망치라"고 당부 하였다.

어린 학생은 누나와 작별하고 어두워지는 저녁 길을 떠나 오직 빨리 쌀을 어머니에게 가져다 들여야 한다는 마음으로 기러기 재를 향하여 걷고 또 걸어 고개의 중간 이상을 올랐을 무렵 누나가 예상했던 대로 우직해 보이는 어른이 나타나 "야! 이놈아! 너 메고 가는 것이 무엇이냐?" 하자 "쌀이요. 우리 엄마 줄"하고 대답하자, 도둑은 "어찌 되었든 그 쌀 내려놓지 않고는 죽거나 가지 못할 것이다." 하고 소리를 지른다. 아이가 "네" 하고 순순히 내려놓자 도적은 쌀을 보고 아이를 한번 보고는 쌀자루를 들고 가려고 한다. 이 때 어린이가 갑자기 "아저씨" 하자 도적은 아이를 쳐다 보았고, 그 순간에 "이것도 가져가세요" 하며 도적의 양 눈에 고춧가루를 뿌려 버렸다.

그러자 도적은 "아이쿠" 하며 도랑 쪽으로 기어갔으며 아이는 다시 쌀 자루를 등에 지고 얼마 전에 보았던 광천 방향의 외딴 집으로 달려갔다. 우선 무서워 민가에서 안전하게 묵어갈 심산이었다.

외따른 집 앞에 가니 한 아주머니와 자신과 비슷한 크기의 사내아이가 서 있는데, 하룻밤 묵어가고 싶다고 청하자 아주머니는 우리 아들과 같다며 재워준다. 외딴집 단칸방에 아이와 같이 재우는데, 손님은 아랫목에 이불까지 덮어주고 자기 아들은 윗목에 이불도 없이 자도록 한다. 어린 손님은 불안해서 이불을 푹 덮고 숨 죽여 자는 척 하는데 주인 아이는 윗목에서 쪼그리고 잘도 잔다.

이때 밖에서 웬 남자의 목소리가 들렸으며, 내용인즉 "에이! 오늘은 재수 없어! 어린 애새끼가 쌀자루 메고 가는 것을 빼앗았더니 아! 이놈이 내 눈깔에 고춧가루를 뿌리고 달아나 죽을 뻔했단 말이야!" 하자 부인이 "쉿! 조용하세요. 그 아이 지금 우리 방에서 자고 있어요." 한다.

그러자, 도적은 "이놈 죽이고 말거야! 부엌 칼 어디 있어!"한다. 부인은 "그 아이는 아랫목에 이불 덮고 자고요, 부엌칼은" 하면서 부엌 방향으로 간다.

이 순간 캄캄한 방안에서 오싹해진 어린 학생은 재빠르게 윗목의 그 집 아들을 아랫목으로 밀어 이불을 덮어 놓고는 자신은 윗목으로 가서 그 집 아들이 했던 자세로 자는 척 하고 있는데 성질 급한 도적은 문을 열면서 다짜고짜 확인할 것도 없이 이불을 걷으면서 자기 아들을 칼로 확 찔러버리고, 이불과 함께 아들을 싸가지고 내외가 바로 나가 버린다.

이때 어린 소년은 재빠르게 일어나 그 귀한 쌀 포대를 다시 등에 메고 이제는 광천을 향해 뛰고 또 뛰었다. 정신없이 뛰는데 통금 순찰 중이던 경찰이 나타나 "누구냐?" 하고 소리치자 "도 도둑이오. 살인자유" 하며 대답한다.

여기서 자초지종을 설명하였고, 경찰이 인정하고 오서산 기러기 재의 외딴 집으로 출동하여 살펴보니 도적과 그 부인은 죽은 자기들의 아들을 묻고서 태연하게 귀가하고 있었다.

경찰은 이 모든 것을 확인하고 의법 조치했으며 쌀자루의 어린 소년은 용감한 어린이 상과 함께 부상으로 쌀 한가마를 받았다고 한다.

이 사건으로 기러기 재에는 외딴 집이 사라졌고 기러기 재와 청양 고춧가루 그리고 청양의 소년과 청양사람들의 지혜와 행동이 돋보이게 홍보되는 결과를 가져 왔다는 이야기며, 이 내용은 당시 신문이나 검찰이나 법원 기록 등에 남아 있을 지도 모른다.

꼭 필요한 사람

사람이 살아가면서 꼭 필요한 사람으로 산다는 것은 대단히 어렵다고 생각하는 사람들이 많은데 사실은 우리 모두가 꼭 필요한 사람이라고 볼 수 있다. 다만 존재하고 있는 시기와 장소 그리고 여건에 따라서 변화될 수 있을 것이다.

오늘 어떤 분의 옛날이야기를 들었는데, 친구 세분이 먼 길을 가는데 한분은 학식이 많고 문장 능력이 대단하며, 다른 한분은 말솜씨가 뛰어나 누구와 이야기를 해도 당당하게 말할 능력이 있는 분이였고, 또 다른 한분은 덩치가 크고 힘이 장사이나 학식이나 언변에는 배움이 모자랐다고 한다. 그런데 한참 길을 가다가 어느 마을에 닿았을 때, 그 마을의 학자들이 학식으로 시비를 거는 지라 그들의 말을 듣고 문장으로 답변하여 결국 이기고 대접을 잘 받은 후 다시 길을 걸었다고 합니다. 이어서 계속 가는데 말 잘하는 사람이 시비를 걸어서 이번에는 말 능력이 있는 분이 달변으로 이들과의 대화로 설득하고 지나갔다고 하지요, 계속 길을 가는데 어느 고개를 넘을 즈음에 사람들이 나타나 시비를 걸어옵니다. 이때 학식 있는 분이 점잖게 타이르려 하자 주먹으로 학자는 때립니다. 그러자 말 잘하는 분이 나서서 "이러면 아니 된다"고 나서자 "너는 또 무엇 하는 놈이냐?" 하면서 주먹으로 갈겨 버립니다. 이 때 그동안 아는 것이 없어 말 한마디 못하던 분이 나서서 "이놈들 이분들이 누구인줄 알고 까부느냐?" 하면서 힘으로 제압하니 꼼짝을 못하더랍니다. 그러자 학자도 달변가도 힘이 보배로군 하면서 칭찬 하더랍니다. 그동안 무식하여 당하기만 하던 힘의 사나이에게 이제야 자랑스러운 시간이 온 겁니다.

사람은 누구나 개성이 있고 실력도 있습니다. 공산품처럼 똑같은 것이 아닙니다. 그래서 학자도 있고, 기술자도 있으며, 사업자가 있는가 하면, 관리자가 있기에 하부 조직이나 노동자가 있는 것이지요.

하지만 힘의 논리는 위에서 예를 든 것처럼 꼭 필요한 곳에서만 작동을 한다고 봅니다. 노래를 잘하는 분이 외딴섬에 혼자 있거나 힘으로 하는 노동 현장에서는 별 볼일이 없지요. 달에 인공위성을 보내는 분들이 그들의 전공이 아닌 곳에 있으면, 그 지식은 무용지물이 되지요.

우리나라 사람들은 참으로 대단한 능력을 지닌 분들이라고 생각 됩니다. 어느 분야이든 여건만 잘 조성해 주면 세계적인 실력을 낼 자신이 있다는 사실을 예술계에서도, 과학계에서도, 체육계에서도, 경제계에서도 정말 잘한다고 생각 합니다. 하지만 정치계에서는 자성하여 시끄럽지 않게 하고 우리민족의 개성과 특질을 살려 소질을 개발하고 뜻을 잘 펼 수 있도록 잡음 없이 일관성 있게 지원했으면 합니다.

특히 우리나라의 노인 인구가 많아지고 있다고 하는데 오늘의 노인들은 일제 강점기에 태어 나고, 한국 전쟁을 겪고, 보리 고개를 고생하며 넘어서 조국 근대화의 일선에서 열심히 일하고 자녀들을 공부시키는데 심혈을 기울이며 살아온 대한민국의 위대한 국민입니다.

또한, 노인이라고 해도 놀면서 살려고 하는 사람보다 무엇이라도 하려는 생각을 가지고 살아가는 분들입니다. 농촌에는 80세, 90세인데도 쉴 사이 없이 밤낮으로 일하는 분들이 많이 계십니다. 이분들이 없으면 농촌과 농토와 농민이 없는 곳으로 가고 있습니다. 그리고 더 중요한 것은 세대의 단절입니다. 나이든 분들의 삶의 지식과 기술도 전수되어야 합니다. 누구든 사람은 꼭 필요한 곳에 있도록 해야 하는데 쉽지가 않아요.

그러면 필자인 나는 필요한 곳에 있는지 생각해 본다.

농촌에서 태어나고 농업학교를 다니고 농업계의 직장을 40여 년 다니고. 지금은 조그만 농장을 운영하며, 고운식물원이라는 한국 최대의 사설 식물원에 고문으로 근무하며 바쁘게 살고 있으니 아직은 필요한 곳에 있다고 생각된다.

누구든 필요한 곳에서 열심히 일하고, 건강하게 살면 애국하는 사람이라고 믿는다.

노인의 마음

2013년 한해도 저물어 가는 것 같다. 각종 기관이나 회사 그리고 단체에서 한 해를 정리하는 행사를 서둘러 하는 모습이 느껴진다.

나이를 한 살 더 먹게 된다는 의미도 있다.

예전의 이야기지만 한 할아버지가 사랑방에 앉아 글을 읽고 있는데 손자가 물고기 잡는 기구를 가지고 밖으로 나가는 모습이 보인다. "아! 오늘은 맛있는 물고기 찌개를 먹을 수 있겠다." 하고 기대를 한다. 몇 시간이나 지나서 손자가 들어오고 며느리는 저녁 준비를 하는 것 같으니 미리 군침이 돈다. 잠시 후 저녁상이 사랑방으로 들어온다. 하지만 기대했던 물고기 찌개는 보이지 않고, 평소와 같은 밥상이다.

할아버지는 심기가 불편하여 수저를 들고 싶은 마음이 없어지고 밥맛이 없어지며 한숨만 난다.

잠시 후 아들이 물고기 찌개 그릇을 들고 들어오면서 "이것 드세요" "무어냐?" "얘들이 물고기를 잡아다 왔대요" "음 그래" 하고는 몰랐던 척 맛있게 먹으면서 하는 말, 역시 "자식은 제 애비를 챙기고, 그 자식은 또 그 애비를 챙기는 구나! 옳다! 옳아!" 하면서 맛있게 먹고는 "으흠!" 했단다.

그런데 얼마 전에 손님으로 어느 가정을 방문했는데, 밥상에 큰 조기가 잘 구워져 올라왔다. 다른 것을 먹으면서 기다리는데, 며느리가 오더니 조기를 바르기 시작한다. 왜 바를까. 손자를 주기 위해서다. 요리조리 만지면서 고기를 발라 손자에게 사정사정하면서 먹인다. 물론 손님으로 간 할아버지는 조기 맛을 볼 수가 없게 된다.

입맛을 다시던 할아버지는 밥상을 물리고, 혼자서 마음속으로 이렇게 말한다. "나쁜 놈들 나는 너희가 살고 있는 젊은 시절을 살아보았지만, 너희들은 늙어보지 못하여 늙은이의 마음을 너무나 모르는 구나. 나이가 들면 어린아이 보다 더 고기가 먹고 싶은 법인데."

2013년 우리나라에 홀로 사는 65세 이상의 독거노인이 125만2천여 분이고 전체 노인의 20.4%이며, 특히 농촌 지역은 더욱 심각하여 26.8%로 네 분 중의 한 분도 넘는다고 한다.

따라서 언제 어떻게 사망했는지도 모르는 처지로 나중에 시체가 발견되는 경우도 많다고 한다. 위에서 설명한 예를 보면 그래도 아들과 손자가 있고 같이 대화할 사람이 있는 노인도 마음이 고단하신데, 독거노인들의 마음은 얼마나 고단하실까.

　세월은 가고 인식은 변한다. 이제 날이 추워지는 겨울 노인들의 마음에 상처가 덜 될 수 있도록 이 땅의 젊은이들이여 사람은 모두가 늙는다는 사실을 알고 노인의 마음을 읽고 생각하기를.

농부의 마음

아침 일찍 일어나 콩밭에 가보았다. 4일전에 재 파종한 콩이 싹 트고 있었다. 하지만 싹튼 콩의 대부분이 파헤쳐지고 잘려나갔다.

누가 그랬을까…
다름 아닌 비둘기 등 날짐승들이 잘라 먹고 파헤친 것이다. 지난 번 파종 때도 그래서 재 파종을 했는데.

옛 어른들의 말에 의하면 곡식을 파종할 때는 한 구덩이에 최소한 3알의 곡식을 파종하여 한 알은 날짐승이 먹고 한 알은 땅짐승이 먹으며 한 알은 자라서 사람이 먹도록 풀매고 가꾸어 더불어 사는 세상이 되게 하여야 한다고 했다.

나는 한 구덩이에 네 알에서 다섯 알의 콩을 심었다. 그런데 날짐승들이 자기들의 몫만 챙기면 될 것을 배가 부른데도 파헤치고 자르고 하여 온통 빈 밭을 만들어 놓는다. 그래서 사람들은 날짐승들이 못 오도록 허수아비를 만들어 세우는가 하면 막대를 세워놓고 빈 비료 포대를 세워 놓는다든지 반짝이는 은박지 줄을 쳐 놓기도 하고 발명가들이 만들었다는 각종 기구도 구입해다 설치해 놓는다. 그런데도 짐승들은 처음에만 속아서 망설이다가 점점 무섭지 않다는 것을 알고는 떼 지어 날아와 농민들의 마음을 상하게 한다. 속담에 일찍 일어나는 새가 벌레와 콩알을 먼저 주워 먹어 배가 부르게 된다는 말이 있으며 사람들도 부지런하면 배를 굶주리지 않는다는 격언을 인용하기도 한다.

그런데 이놈들 너무 부지런하여 배부른 것을 지나 이제 과소비에다가 탕진까지 하면서 농사를 망치게 하고 농민의 마음을 상하게 한다. 정말 사람이 자기중심적으로 자기만 잘 살면 된다고 온갖 수작을 부리는 파렴치한 경우가 있듯이 이놈들은 모두가 파렴치하기 짝이 없다. 옛말에 주문을 외워서 세상에 널리 흩어져 있는 곡식(농부들이 거두지 못하거나 흘린 곡식 등)을 모두 모으면 온갖 새들과 쥐, 들짐승들이 생명을 유지하려고 먹이를 찾아 필사적으로 덤비며 아수라장을 만들어 견딜 수가 없어서 다시 주문을 외워서 세상 골고루 뿌려지도록 하여 모든 짐승들이 제자리로 가도록 하였다는 얘기가 있다.

그리고 농민들은 들에서 일을 할 때에도 점심이나 새참이 나오면 사람이 먹기 전에 짐승들이여 너희들도 같이 먹고 살자고 "고시

레" 하면서 올해도 풍년들어 같이 먹고 잘살자며 한술씩 떠서 들에 던져 놓는 것이 농부들의 마음이었건만 요놈의 짐승들은 자기 몫이나 먹지 웬 심술로 모두 파헤친단 말인가.

　이번에는 나도 이놈들에게 지지 아니하겠다고 콩 묘판을 만들어 짐승들이 먹지 못하도록 차광막을 덮어 놓고는 어느 정도 자란 뒤에 모종을 하기로 하였다.
　물론 콩이 자라서 콩 꼬투리가 어느 정도 익으면 또 덤비겠지 하면서. 이런 생각을 하고 있는데, 멀리서 뻐꾹새 소리가 들린다. 마치 "뻐꾹 뻐꾹 계집 죽고 자식 죽고 뻐꾹 뻐꾹" 하는 소리로 들리는 것만 같다.
　아마도 이 날짐승들이 살아가는데도 우리네 농부가 살아가는 것처럼 고단하기는 마찬가지 인가 보다.

두 시간 동안의 박수
(작은 음악회에서)

　앞자리에 앉아 계시던 70대의 여인들이 박수 한번 신나게 쳤다. 하면서 일어선다. 기분이 좋았다는 결론이다. 2010년을 보내면서 청양문화원(원장 정재권 님)에서 마련한 문화 가족과 함께 하는 "작은 음악회"가 지난 12월 17일 청양 문화예술회관 소강당에 자리가 없을 정도로 만원을 이룬 가운데 의미있게 열렸다. 그런데 이모임에 모인 모든 분들이 한마음이 되어 정말 기분 좋은 시간을 보낸 것 같다. 참으로 잘된 행사 같다.

　좀 자세히 열거하면 사회는 전 충주 문화방송국의 사회를 진행하던 송면전씨가 맡아 주었으며, 첫 공연은 청양 초등학교 학생 다섯 명이 연출한 삼고무(三鼓舞)로 복장부터 북을 치는 모습이 성인들의 프로보다도 아기자기하며 자연스러워 감동을 준다. 아! 하는 감탄사가 나온다. 모두가 마디마디마다에 큰 박수를 친다. 사회자가 박수 치라고 부탁하려다 김이 샜단다. 정말로 대단한 수준이다. 다음에 등장한 분들은 한국 무용이라는 제목으로 부채춤을 춘다. 부드러움과 기교는 젊은이들에 비하면 뒤지는 듯하지만 70세가 넘은 분들이 많은 관중 앞에서 당당하게 부채춤을 추는데 누가 박수를 안 칠 사람 있겠는가. 웃음으로 연결하려는 노력이 존경스러웠다.

이어서 출연한 분들은 청양 출신 명창인 최숙자 선생이 가르친 분들이라는데 이들 또한 70세가 넘어 보이는 여성 10명과 남성 한 분이 최숙자 선생의 장고와 더불어 경기민요를 구성지게 부른다. 모두가 큰 박수를 보낸다.

다음은 색소폰 연주의 순서다. 이 연주 팀은 청양 문화원 코람데오 란다. 우선 정장을 하고 나비넥타이를 한 자세부터가 평소에 보던 사람들이 아닌 것처럼 보일 정도로 멋있어 보인다. 바지 다림질만 해도 대단해 보인다. 그러다보니 느낌이 참 좋다. 어디서 모셔온 분들인가 했다. 이제 우리 청양의 문화 수준도 어제가 다르게 발전하고 있음을 실감하게 한다.
이 분들이 들려주는 화음과 박수치는 청중들의 모습에서 내일이 더 좋아질 것이라는 생각이 든다.

이제부터는 초청 가수들의 무대다. 먼저 출연한 견우와 직녀는 "당신뿐이야" 등 주옥같은 노래를 생동감 있게 그리고 맛깔스럽게 잘도 부른다. 출연자가 흥을 돋우니 청중의 박수소리가 더 커진다.

앵콜송까지 끝나자 청양고추 홍보 가수인 강덕구씨가 나와서 흘러간 노래들을 구성지게 부른다. 가수와 관중이 모두 하나된 것 같다.

이어서 등장한 조승기는 "꽃바람 여인"을 비롯해서 힘찬 노래들을 힘차게 부른다. 이웃 공주 출신이라서 청양이 고향 같다는 말도 한다. 박수 많이 받는 기술도 배우는 것 같다. 사람들은 인생의 멋을 여기서 느낀다며 기막힌 괴성까지 지르며 환호한다.

분위기가 고조되자 이번에는 이박사라는 가수가 만담가처럼 꾸미고 나타나 정말 멋진 몸짓과 행동 그리고 노래로 주름을 잡는다. 목도리와 외투를 벗어던지는가 하면 탬버린과 꽹과리까지 동원하여 다른 가수가 보여주지 못할 정도의 모습으로 흥을 돋운다. 누군들 박수 안치겠는가.

이어서 편승엽 가수가 "찬 찬 찬" 등 여러 곡의 노래를 하면서, 오늘 머리를 자른 편승엽은 청양의 미용실에서 머리를 자른 최초의 가수일지도 모른다며 관중석을 드나들면서 악수를 한다. 사람들은 열광하면서 악수를 한다. 출연자들이 인기를 모으며 사람들 웃기는 방법도 가지가지 같다는 생각도 든다.

마지막 출연자는 유명한 여가수 문희옥이다. "사랑의 거리"를 비롯하여 많은 노래를 부른다. 춤과 노래로 청양사람들의 마음을 이끌어 간다. 스스로 이미자의 후예가 되려고 노력 중이라는 말도 한다. 꼭 그리 되기를 빌어 본다. 사람이 살면서 여러 가지 상황이 있게 마련이지만 무대의 가운데 앞부분의 좌석에 앉은 나는 소질없는 박수를 치면서 2시간을 보낸 것 같다.

특별한 소감은 청양인들 아니 우리 문화 가족들의 문화를 좋아하고 음악을 사랑하고 호흡하는 매너가 대단하다는 느낌을 받았고 청양문화원에서 마련한 "작은 음악회"가 "이렇게 감동과 동질감을 갖게 할 수도 있구나" 하는 생각을 하면서 정재권 문화원장님과 관계하신 모든 분들게 감사를 드린다.

"팔이 이상하다. 두 시간 동안 박수를 쳤더니"

묘소를 찾는 사람들

예년에 비하여 봄 날씨가 무척이나 더워서 이상 기후라고 하더니 이어서 내리는 장마 비는 정말로 이상 기후인 것 같다. 그래서 조상님들의 묘소를 가보니 풀이 너무 자라서 산을 이루고 있다. 그래서 이웃 분들의 묘소를 가보니 그곳의 산소는 벌써 2-3회나 벌초를 한 정황이 보인다. 불과 며칠 사이에 풀이 이렇게 많이 자랄지는 몰랐다.

나는 대충 풀을 베고 정리를 한 후에 또 다른 분의 묘를 둘러보는데, 그 묘의 주인은 급한 마음에서인지 묘소의 풀을 베어서 그 자리에 놓고 가버려서 잔디가 죽을 정도가 된 곳도 있었다. 사람들의 마음과 행동도 이렇게 다르구나 하는 생각을 해 본다.

누구의 묘소이든 자기와 관계가 있거나 관심이 있는 경우에 찾아가는데 사람의 생각과 의무감, 또는 도덕적 가치에 의하여 묘소를 찾을 것이다.

그런데 요즈음 사람들은 묘소를 잘 찾지 않는 경우가 있는가 하면 기존의 나이 드신 분들이 묘소를 찾는 젊은이들을 말리는 경우도 있다고 한다.

예를 들면 설 때에 성묘를 가려하면 날씨도 추운데 이번에는 생략하고, 추석 때나 가서 성묘 하라는 어머니의 권유를 슬그머니 듣고는 그냥 자기 집으로 귀가 한다고 하며, 추석이 되면 날씨가 더우니 이다음에 가라고 어머니나 할머니가 권하는 바람에 쉬운 대로 그냥 귀가하는 경우도 있다고 한다. 그런데 이것이 반복되면 조상의 산소가 어디에 있는지 조차 알 수가 없게 된다고 한다. 그리고 묘소의 벌초를 할 때에도 돈으로 해결하려는 사람이 있는가하면 다른 사람이 하겠지 하고 관심을 두지 않는 사람도 있고, 모든 집안 식구들이 다 모여서 더위를 이기며 벌초를 하는 사람들도 있다. 그런데 이때에도 70세가 넘은 분들만 예초기를 돌리고, 젊은이들은 구경만 하는 집안도 있다고 한다. "누구는 처음부터 예초기를 배운 사람 있는가?" 하는 생각을 하면서 고기를 잡아 주는 것이 아니라, 고기 잡는 방법을 알려 주어야 한다는 생각도 든다. 그리고 젊은이들이 앞장서도록 유도해야 한다는 생각도 든다.

동방예의지국 누가 무너뜨리고 있는가. 나는 보릿고개를 극복했던 사람, 연금을 타서 살아가는 사람, 그리고 70세 전후의 우리 세대가 반성해야 한다는 생각도 든다. 왜냐하면 돈 버는 데, 아니면 직장의 일에 충실하려고 하다 보니, 부모님 계신 시골에서는 제사를 모시고 산소를 가꾸는데, 도시에서 살고 있던 사람들은 대학을 졸업할 때까지 제사를 모셔 본 적이 없는 사람도 있다라고 하는데, 친구들이 "너희네 제사 지내니!" 하면 "응 시골에서 할아버지 할머니가 지낸데." 이렇게 대답했던 사람들이 성인이 되었으니 무엇을 알까. 어느 집엘 갔는데 대학의 교수님과 그의 아들인 박사 두 분 즉 박사 세 분이 제사상 차리는 법을 몰라서 책의 그림을 보고 상을 차린다. 하지만 부엌에서 그림속의 음식이 나와야 진설을 하지요, 그래도 필자는 찾으려는 성의에 감탄했다.

필자는 산소를 지키거나 가꾸는 것을 의무적으로 해야 한다는 생각보다, 또 조상의 제사를 모시고 그 절차를 배우는 것을 꼭 해야 할 의무라는 생각보다 동방예의지국이라는 생각도 중요하지만 이러한 행사를 통해서 가족의 의무감과 마음을 새롭게 하며 역사와 전통을 자랑하며 내가 어디서 태어나고 어디로 가느냐 하는 인간적인 철학을 자연스럽게 후손들에게 알려줄 의무가 있다는 말이다. 그런데 이러한 전통이 무너져 가는 세대에 우리가 끼여 있다는 점이 우리의 책임 또한 크다고 보는 것이다.

인생은 수구초심(首丘初心)이라고 했다는데 이제 우리 세대도 늙어 가는데 운동 삼아 이 여름이나, 가을에 아들, 딸, 손자, 손녀 모두 데리고 안 되면 한명이라도 데리고 산소를 찾아 땀도 흘려보고 옛 이야기도 하고 인생의 보람을 한번 느껴보면 어떠할는지. 여유가 없다면, 다음 달에 절약하기로 하고 참여한 모든 사람에게 그곳의 맛있는 음식을 같이 먹고, 특산품을 한아름 사서 들려주면 더욱 좋고, 이러한 방법도 피서요! 연금 수급자들인 우리에게도 보람 있는 일일 것 같아 추천하고 싶은 생각 간절하다.

우리세대에 잊혀져 가는 추모의 장소나 추모의 날 기리기 운동은 미력하나마 조금이라도 우리세대가 하면서 보람을 느낄 수도 있을 것 갔다.

필자도 다음 주에는 아들, 딸, 손자, 손녀 중에서 올 수 있는 사람은 모두 오라고 하여 산소도 찾아보고 한턱 쏠 생각이다.

불러 보고 싶은 "어머니!"

한해도 이제 얼마 남지 않았다. 겨울의 추위가 오고 있다.
이런 시기에 따스했던 이름 "어머니!"를 불러 보고 싶다.

자식을 사랑하시던 그 모성애, 구태여 가시고기 이야기나 병아리를 지키려는 어미닭의 이야기, 그리고 새끼를 지키려는 개, 동물들의 예를 들지 않아도, 어머니의 자식 사랑을 충분히 알 수 있다.
나는 가끔 본다. 아이를 싫어하고 아이가 울어대면 더욱 싫어하던 처녀들도 결혼을 해서 아기를 낳으면, 오줌, 똥 가리지 않고, 그야말로 진자리 마른자리 갈아 뉘시는 어머니가 되고, 이들이 남의 아이라도 보면 눈길주고, 웃어주고, 윙크하는 모습을. 이것이 어머니의 마음이 아닐까.

"아름다운 비행"이라는 영화 이야기인데, 아이가 길 잃은 기러기를 매일 밥 주고, 물주고, 잠자리를 보살피며, 정성을 다하여 길렀는데, 다 자란 기러기는 날지를 못했답니다.

　이유는 아이가 어머니 인줄 알고, 아이가 날지 않으니 본능적으로 날아가는 방법을 배우지 못했기 때문입니다. 그래서 아이가 "행글라이더"를 배우자 기러기도 날았답니다.

　우리 인생도 어머니와 어머니 같은 환경에서 자랐기에 십만 번을 불러야 배운다는 "엄마"라는 말과 함께 말문이 트인다고 합니다. 어머니의 영향이 얼마나 크겠습니까.
　쉬운 말로 예를 들면, 선생님이 혀가 짧아 바람 "풍" 자를 가르치며 "바담 풍" 하니 혀가 정상인 제자도 "바담 풍" 하더랍니다. 선생님이 얼마나 답답하셨겠습니까. 이렇게 선생님이나 어머니의 영향을 받는 것이 자식이랍니다.

　어머니는 최고의 스승입니다.

　지구상에 있는 그 많은 사람이 제일 먼저 배우는 말, "어머니" 물론 나라와 민족과 언어의 종류에 따라 "맘" "머더" 등 부르는 소리가 많이 있지만, 그래도 우리말 "어머니"가 가장 좋은 것 같다. "어머니" 이 말은 이 세상에서 가장 먼저 배우고 가장 많이 쓰이고 가장 고귀한 말이다.

　그런데 이 어머니 얼마나 고생이 많으신가. "상처 없는 새들이란 이 세상에 나자마자 죽은 새들"이라는 정봉채의 시를 빌리지 않더라도 어머니, 이 분들의 어려움, 괴로움, 몸 고생, 마음 고생 얼마나 많이 하셨을까. 때에 따라 성장하는 자식에게 "너희도 부모 되어 보라"고 말하시던 어머니 얼마나 속을 썩였으면 그렇게 말하셨을까.

엉뚱한 이야기 같지만 아이 하나를 놓고, 두 여인이 자기의 아이라고 주장하는데 심판관이 도저히 해결할 수가 없어서 "아이를 둘로 갈라서 반쪽씩 가지라"고 하니 한 여인은 가만히 있는데 한 여인은 "그건 안 됩니다. 저희 아이가 아니니 그런 일은 하지 마세요" 하면서 울부짖더랍니다. 진정한 어머니는 자식을 포기하더라도 아이의 생명만은 구하고 싶었던 것입니다. 어머니 마음은 이런 것이랍니다.

지나간 일은 현실의 거울이라고 합니다. 정말 어머니의 모습들이 저희들의 모습이요, 아이들의 모습입니다.

오늘도 하늘에서 건, 땅에서 건, 자식들을 위해 정성을 다 하시는 어머니!

이 세상에서 제일 값진 금은 지금이라고 합니다.
지금 이 시간 어머니가 계시던 안 계시던 불러 보고 싶습니다.
어머니! 어머니! 어머니!

불러 보고 싶은 "아버지!"

　필자는 지난번에 불러 보고 싶은 어머니에 대하여 글을 쓴 적이 있다. 오늘은 불러 보고 싶은 아버지를 부르고 싶다.

　우리 민족에게는 정말로 아버지를 공경하는 마음이 많음을 심청전을 통해서 잘 표현하고 있다. 하지만 요즈음 아이들을 잘 가르쳐서 훌륭한 사람으로 키운다는 명분하에 아이와 아이의 엄마는 멀리 이국땅에 보내고 아버지만 한국에 남아서 돈을 벌어 송금하는 기러기 아빠들도 많다고 한다. 먹고 살기 어려운 것이 아니라 아이의 장래를 위하여 희생하는 것이며, 자식을 위한 아버지의 용기였을 것이다. 그러는 사이에 시골에 계신 부모도 잊은 체 홀로 외롭게 지내다 자살하는 아빠까지 있다고 한다. 얼마나 자식을 사랑하는 마음인가.

　미국 어느 목사의 설교 내용 중에 이런 내용이 있었다고 한다.

병중에 있는 아내를 살리기 위해 아버지를 살해하여 아버지의 장기를 꺼내서 병원으로 달려가 아내에게 이식하려고 뛰고 또 뛰는데 아버지의 영혼이 뒤를 따라가면서 "얘야! 천천히 가거라! 잘못하여 넘어지면 장기가 상할지도 모른다!" 라고 말하더란다. 이 얼마나 자식을 사랑하는 심정을 가진 아버지인가.

우리는 인생을 살면서 아버지의 소리 없는 눈물을 너무나 모른다고 한다.

가시고기의 이야기가 아니더라도 아버지가 자식을 사랑하는 마음은 정말로 대단한 것이다. 요즈음은 아버지들이 아이를 안거나 업고 다니는 경우도 비일비재하고 기저귀를 갈아 채우고 옷을 갈아입히며 불평 한마디 안하는 아버지가 늘어나고 있다. 언제는 아버지가 불평을 했던가. 자식을 사랑하는 마음이 너무 강해서 듣기 거북한 말이나 행동을 한 것이지.

어제는 텔레비전에서 "아버지의 눈물"이라는 소설이 나왔는데 인기리에 팔리고 있다고 한단다. 아버지 없이 태어난 사람 말고는 모두가 한번은 읽어 봄직한 소설이라고 한다.

또 "세상에 이런 일이"라는 프로에서는 강원도 어느 깊은 산골에 혼자 살아가고 있는 70대의 건강한 노인이 자기의 힘을 자랑하며 눈덮인 산골을 찾아간 프로듀서에게 팔씨름을 청하며 자랑스럽게 말하다가, 20년 전에 잃어버린 자식의 이야기가 나오자, 그 억센 노인의 눈에서 피 같은 눈물을 흘리는 모습을 보았다. 자식을 사랑하는 마음은 어느 아버지고 같다는 생각이 나의 눈시울을 붉게 하는 장면이었다.

　이 세상 어디에 살고 있는 아버지도 같을 것이다. 나의 친구 한 사람은 큰 부자는 아니지만 장사를 하여 꽤나 많은 돈을 벌었는데, 친구의 보증을 잘못 서는 바람에 몇 천 만원을 갚아 주게 되었고, 이것이 빌미가 되어 아들에게 죄를 진 듯 말을 제대로 못하고 가끔은 무시도 당하는 느낌이 든다는 말을 들은 적이 있다. 아들 딸 5남매를 대학까지 가르치고 결혼도 시키고 재산도 물려주었는데, 이런 수모 같은 느낌을 받을 때는 내 잘못이 크지 하며 참는다고 한다. 이것이 아버지의 마음인가.

　하지만 이런 일도 있다. 현대판 심청이라고 말 할 수 있는데, 내용인 즉 앞을 못 보시는 아버지를 찾기 위해 20년을 노력하던 경북 안동의 김정숙(기억은 정확하지 않음)여사가 송해씨가 사회를 보고 있는 전국노래자랑에 나와서 그 사연을 말했는데, 방송국의 노력으로 아버지를 찾게 되었다고 하며, 안동에서 최우수상을 타고, 서울의 연말 노래자랑에도 참가한 기분 좋은 사연도 방송을 통해서 시청한 적이 있다. 우리들의 주변에는 아버지를 사랑하는 사람들이 많은 것도 사실이다.

필자는 경인년의 설을 맞이하여 조금이라도 더 아버지를 생각하고, 아버지를 존경하며, 아버지를 이해하는 계기를 만들었으면 한다. 이 세상의 아버지는 나의 생활과 세대 차이가 날 수도 있지만 이해를 하자.

이 세상에 아버지 없이 태어난 사람은 없을 것이니 돌아가신 아버지든 살아계신 아버지든 아버지를 진정한 마음으로 불러보자.
"아버지! 아버지! 아버지! 하고."

빌어먹는 사람

사전적으로 보면 "빌어먹다"는 남에게 구걸하여 거저먹다. 이고, 빌어먹을 하면, 속이 상하고 뜻대로 되지 않을 때 쓰는 말, 이라고 한다.

그런데 나는 고등학교 시절에 친구의 집을 자주 놀러 간 적이 있었는데 친구의 할머니께서 말끝마다 "빌어먹을 놈"하고 말씀 하셨다. 하도 자주 이런 말을 듣다 보니 기분이 안 좋아서 급기야 용기를 내서 할머니 "도대체 할머니는 나만 보면 빌어 먹을 놈 하고 말씀하십니까. 정말 기분이 안 좋으네요." 한적이 있다. 그러자 할머니께서는 "세상에 빌어 먹지 않는 놈이 어디 있니" 하시며 "성주님께 빌어먹고, 성황님께 빌어먹고, 삼신할머니께 빌어먹고" 하시며 빌어먹는 사람이 좋은 것 이라고 하신 적이 있다.

하지만 나는 6.25 사변 등 어려움이 많았던 어려운 시절에 살면서 깡통이나 그릇을 들고 가가호호를 다니며 "밥 한술 주 세요" 하여 밥을 얻어 끼니를 때우는 사람을 많이 보았다.

그중에서도 서울에서 피난 오셨다는 한 분은 새벽에 일찍 일어나서 살만한 집을 돌아다니며 "밥 한술 부탁 합니다." 하고 예고를 한 후에 다시 한바퀴를 돌면서 친절한 아낙네들이 한술 더한 밥을 얻어 가는 모습도 본 적이 있다. 이분은 나중에 전쟁이 끝나고 서울에 가서서 큰 부자가 되었다는 말을 듣기도 했다.

빌어먹는 방법은 여러 가지가 있다고 생각한다.

위에서 말한 것은 직접 빌어먹는 것이요, 성황님께 빈다든지, 삼신할머니께 빈다든지, 어느 자연 물이나 인조물을 놓고 빌어도 비는 것은 희망 사항을 성취할 수 있도록 기원하는 것이리라.

지구상의 모든 종족은 무엇에 대하여 라도 빌고 희망이 이루어지기를 기원하는 마음은 같다는 생각이 든다.

그래서 종교가 생기고 각각의 종교에 따라서 그 믿음을 실현하시는 분들의 방법과 생각 그리고 특별한 신념에 따라서 정성을 드리는 것도 일종의 비는 것이라고 볼 수 있지 않을까.

그래서 기도를 열심히 드리면 효험이 있고, 불공을 열심히 올려서 마음의 평화를 얻고, 사당을 정성들여 모셔서 마음의 평온을 바라는 사람도 있다.

사람은 도덕과 질서 속에서 기도드리고 정성드리고 불공드리고 빌고 이런 것들이 인간의 희망이 현실화 되고 내세가 아닌 차후의 세계까지 좋은 결과가 있기를 기대하기도 한다.

그래서 나는 50여년 전에 친구의 할머니가 말씀 하신대로 빌어 먹을 사람도 나쁘지 않은 말이라고 생각하면서 하나님께 나의 뜻이 잘 이루어 지도록 해 달라고 빌고 또 빌고 싶다.

나는 말이라는 것은 해석에 따라서 좋게 해석될 수도 있다고 본다. 그 할머니의 말씀대로 "너는 돼지야"하면 "암 나는 잘 돼야지" 라고 들으면 아주 행복해 질수도 있겠지.

새해부터는 다른 사람들의 말들을 긍정적으로 해석하여 말하는 사람도 듣는 사람도 행복을 느끼는 좋은 한해가 되기를 기원하면서.

사람 소개

오늘은 비가 많이 내린다. 일정이 바뀐다.

오전 7시 40분 강사장님을 만나 고운식물원에 가서 식물원 이원장님을 만나 새로운 인사를 하고 강사장님이 원하는 장소와 이원장님이 원하는 장소를 가 보기로 한다. 우선 안내자인 이원장님이 단풍나무 숲을 돌아보며 단풍나무의 특성과 종류들을 설명한다. 단풍잎이 지기 전에 보아야 한다는 두 분의 주장은 맞아 떨어지는 단풍과 같다는 느낌이다. 운전은 식물원의 보물 이과장의 몫이다. 우중에 식물원을 보고 강사장님이 나무를 심을 장소인 대치면 개곡리를 가서 이리저리 살피고 토론하고 많은 시간을 보낸다. 그리고 고운 식물원의 농장인 대치면 주정리로 이동하여 나무들을 보고 의견을 교환하고 다시 돌아와 식물원 전망대를 올라가서 살펴본다. 두 분이야 나무를 팔고 사고 나무를 심어주고 가꾸는 일들을 할 것이지만 사람을 소개하는 나는 아무 것도 아닌 들러리로 따라다닌다. 식물을 소개하는지 나무를 소개 하는지 그저 따라다닌다. 사람을 소개하면 다음 단계는 그런가 보다.

　오늘도 우중에 인생의 한막을 그렇게 보내고 점심을 먹기 전에 감상에 젖어 본다. 사람 소개는 참으로 좋은 것이다. 하지만 서로의 의견에 차이가 생긴다면 그대로 있는 이만 못 할 것 같아 걱정이다.
　모두가 잘 되기를 바라면서 몇 분을 모아 칼국수 먹으러 가려고 한다.

　좋은 의도의 좋은 결과를 기대하면서.

사람을 이해하기는 참 어렵다

　사람이 태어나면 모두가 각자의 개성을 지니게 마련이다. 그래서 아무리 많은 사람도 같을 수 없다고 한다.
　유전인자가 같은 사람들도 모두가 같을 수는 없는 것도 당연하다고 믿는다. 그래서 사람이 사람을 이해하기란 정말로 어렵다고 생각한다.

　그 사례를 들어보면서 사람을 이해하지 못하여 후회하는 사람의 예를 들어 보고자 한다.

　첫번째 이야기는 필자가 속한 <참 가정 모임>이라는 단체가 있는데, 20여명이 참가하여 2달에 한 번씩 모임을 갖기도 하고, 경우에 따라서 해외나 국내의 여행도 한다. 그리고 이모임에는 반드시 부부가 참가하는 것을 원칙으로 하고 있어서 부인들 간에도 유대가 돈독한 편이다.

얼마 전에도 부부동반으로 여행을 가게 되었는데 올해 일흔 다섯의 회원이 '참 가정'과 나의 회고라는 제목으로 말을 이어가고 있었다.

내용인즉 어머님이 회갑이 되시던 해에 세상을 떠나셨고 아버님은 얼마 전 93세를 일기로 세상을 떠나셨는데 30년이 넘는 세월 동안 아버님을 모시기 위하여 새로운 어머니를 모시고자 노력했던 실화를 눈물 흘리며 말하는 모습을 보며 회원 모두가 웃고 울었는가 하면 90세가 지날 즈음에 치매가 오신 아버님을 모실 때의 이야기를 들으며 사람을 이해하지 못하는 사람의 심정을 이해할 수 있었다.

이 분은 치매가 오신 아버님이 어느 날 모자를 네 개나 머리에 쓰시고 지팡이를 3개나 들고. 좋다고 춤을 추며 집 추위를 돌아다니시는 모습을 보고 "아버님 모자는 하나만 쓰시는 것이에요." 하면서 뺏은 적이 있는데 이때 아버님은 상당히 서운해 하시더란다. 그 후 얼마 안 되어 세상을 떠나셨는데. '나는 왜 그때 아버님과 같이 모자를 많이 쓰고 지팡이를 짚고 같이 춤을 추지 못했을까…' 하며 후회하고 있다는 이야기를 한다. 입장을 바꾸어 볼 줄 아는 것이 사람을 이해하는 것이라는 생각이 든다.

두번째 이야기는 어느 교육하시는 분의 이야기다.

학교에서 학생들을 가르치다보면 학부모나 학생들이 교육 자체를 이해하지 못하고 자꾸 이의를 하는가 하면 자기들이 옳다고 하는 경우가 많아 짜증이 나기도 한다는 이야기를 자주 했다고 한다.

그런데 어느 날 가전제품 가게에서 전기밥솥을 사서, 자취하는 아들에게 주었는데, 얼마 안 되어 아들이 "밥솥이 고장 나서 못 쓴다"고 가져 왔단다. 이 교육자께서는 화가 나서 밥솥을 가지고 가전제품을 판 가게로 가서 "물려 주든지 바꾸어 달라"고 야단을 쳤다고 한다.

그런데 젊은 점원은 조용히 "잠시만 기다려 보세요" 하고는 이리저리 살펴보고는 "이상이 없다." 고 하더란다.

그래서 다시 화를 내는데, "잠시만 기다리라" 면서 쌀을 가져다 직접 밥을 해 보이더니, 밥을 퍼내고 깨끗이 닦아서 주면서 사용방법을 알려주는데 한 번도 화를 내는 표정도 보이지 않더라는 것이다. 이처럼 젊은 점원도 화를 내지 않는데 소위 교육자라는 신분에 학부모나 학생을 이해하지 못하고 짜증스럽게 생각한 점이 부끄러웠고, 더구나 젊은 점원에게 큰소리 친 점이 미안하여 고개 숙이고 나왔다는 실화는 감동스러운 사례라고 생각된다.

'공감은 상대를 이해하는 것이고, 동감은 상대와 똑같이 느끼는 것' 이라고 하는데, 아! 그렇구나! 아! 그랬었구나! 정말! 이해가 가는구나! 하고 소통을 하려는 노력이 필요할 것 같은 생각이다.

누군가 이야기했다. "꽃은 우연히 피지 않는다" 고 후회를 않기 위해서는 노력이 필요하지 않은가.

사람을 판단하는 기준이나 방법

사람을 판단하는 기준이나 방법이 있다고 하는데 정말 그럴까?

만약 그 기준이 있다면 정말로 엉터리라고 말할 수밖에 없다고 말하는 사람도 퍽이나 많을 것이다. 왜냐하면 사람은 각자가 자신이 생각하고 판단하는 기준과 취향이 다르기 때문이다. 하지만 그중에서도 이런 방법이 있다고 하여 독자 되시는 분들도 공감을 하실는지 몰라서 보고 들은 대로 몇 가지를 기술해 보고자 한다.

첫째는 무엇을 얼마나 알고 있는지 자기의 취향에 맞는 것들에 관심은 있는지 알아보기 위해 질문하여 지식을 살피는 것이요,
둘째는 말로서 궁지에 몰아넣고 태도나 변화를 살피는 것이고,
셋째는 주변 사람에게 물어서 성실함을 살피는 것이고,
넷째는 단순한 질문으로 덕성을 살피는 것이며,
다섯째는 어려운 상황을 알려주어 용기를 살피는 것이며,

여섯째는 술에 취하게 한 후 태도를 살핀다는 것이다.

다음으로는 멀리 떨어져 있으며 인간미를 살피고, 가까이 있으며 심정을 살피고, 번거로운 일을 시켜 능력과 성의를 살피고, 갑작스럽게 질문하여 지혜를 살피며, 급하게 약속하여 신용을 살피고, 재물을 맡겨 어짊을 살펴서 인생이 살아가는 길을 연구하게 된다고 한다.

유명한 말로 미국의 16대 대통령으로 미국의 역사를 바꿔놓은 아브라함 링컨은 점원 생활을 할 때 잘못 계산하여 3센트를 더 받아 과불한 사람을 찾기 위해 몇 시간을 노력한 후 밤늦게야 돌려줄 수 있었다고 하는 일화가 있는데, 이렇게 노력하여 변호사가 되고 대통령도 되어 인류에게 좋을 일을 했다고 한다.

이제 대망의 2010년 호랑이의 해가 되어 희망이 부풀어 오르고 이때에 고양이도, 살쾡이도, 표범도, 한국호랑이도, 백호도 모두 내가 백호라고 나서는 판이다. 진짜 백호이거나 백호에 가까운 인물들을 잘 판단하여 지역사회와 사람들이 사람같이 잘 살 수 있는 사회를 만들기 위해서는 손가락 한번 정상으로 놀려야 할 것 같다. 즉 금년 6월 2일에 우리가 뽑아야할 대표들을 잘 선택 하자는 말이다.

말 한마디 잉크 한 방울이라도 정말 지역민을 위하고 보살피는 데만 사용할 용기와 실천력이 있는 지도자들이 선출되기를 바라는 마음 간절하기에 꼭 대표가 될 자격이 있는 분들이 선정되기를 기대한다.

사람은 모두가 태어날 때 울면서 태어나는 특징이 있다고 한다. 이때의 울음소리는 참으로 선하다고 한다. 축복의 울음소리다. 2010년 모두가 축복 받기를 기원하면서.

삼무사를 아시나요

　　삼무사(三無私)란 말은 공자에게 자하(子夏)가 중국의 우순 등의 유명한 왕들이 나라를 잘 다스린 이유를 물었을 때 대답한 좋은 내용으로 공평무사의 세가지를 말한 것이니 즉 "하늘은 사사로이 덮어주는 것이 없고, 땅은 사사로이 실어주는 것이 없으며, 해와 달은 사사로이 비춰 주는 것이 없다." 라고 한데서 나온 말이라고 한다.

　　사람이 살아가면서 주어진 위치에서 사사로움을 너무 자기 앞에 두면 일을 그르칠 수 있으니 하늘의 이치와 자연의 법칙을 따라야 좋은 정치를 할 수 있고, 자연의 섭리와 인간의 살아가는 도리를 지키면 만사가 형통하여 태평한 생활을 할 수 있다는 이야기를 간단히 설명한 것 같다.

　　큰 정치가가 되려면 늘 바르게 생각하고, 정직한 말을 하며, 하늘에 부끄러움이 없고, 자기 양심에도 부끄러움이 없는 사람이 되는 것이 중요하다는 이야기이며 이러한 행동을 하기 위해서는 자연의 섭리와 이치를 터득하고 지난날의 잘못이 있다면 이를 반성하고 지금부터 잘 하라는 이야기도 된다고 본다.

종교를 논할 때도 반성과 회개는 아주 중요하여 카톨릭에서는 고해성사를 하고, 불교에서는 윤회의 법칙을 설명하며, 어느 종교에서는 반성의 매를 때리고 회개하면 탕감의 법칙에 의해 죄를 면할 수 있다고 한다. 아무리 악한 사람도 자기가 잘못 했다는 사실을 안후에는 되돌릴 수가 없으니 안 날부터 잘하면 된다고 한다. 필자가 아는 어느 분이 사경을 헤매고 있을 때 성직자를 만나 종교에 귀의 하면서 편안한 마음으로 삶을 마감했다고 한다. 결국 자신을 반성한 것으로 보인다.

어느 분이 아버지를 아버지로 인정하고 어머니를 어머니로 인정하니 진정한 어른이 된 것 같았다고 한다. 자연의 이치이고 평범한 말이라고 본다.

황새의 다리로 참새의 다리를 흉내 낼 수 없고, 참새의 다리로 황새의 다리를 흉내 낼 수 없다고 한다. 아무리 과학이 발달해도 감정의 마음을 어떻게 만들 수는 없다.

옷도 입어 보아야 몸에 맞는지 알 수 있고, 일도 사람에 맞게 해 보아야 한다. 어느 작곡가의 말에 의하면 자기는 스스로 작곡한 노래를 부를 수 없기에 가수에게 준다고 한다. 자연적으로 타고난 소질이 다르기 때문이다. 인간 모두에게는 자기의 몫이 있다는 말이다.

그런데 그 주어진 것 이상을 바라면 순리가 아니라는 말 같다.

누가 그렇게 외쳤다. "민심은 천심이라"고 즉, 나를 떠나 하늘에서 하나님과 같은 눈으로 나 자신과 우리 사회를 보는 마음이 바로 이런 내용이라고 한다. 가장 쉬운 말로 하면 인간은 먹을 권리와 먹이를 생산할 권리가 있는데 이것을 어느 누구도 박탈하면 안 된다는 이치에 따라서 세상의 모든 사람을 알고 위해야 한다고 보기 때문이다.

아무리 사람의 능력이 좋고 과학이 발달한다고 해도 안 되는 것은 안 되는 것이다. 예를 들면 끓는 물에 고기를 기를 수 없고, 타는 숲에 새를 기를 수 없다는 이야기다.

나는 어린 시절에 고무줄로 새총을 만들어서 친구들과 새를 잡는다고 몇 년을 노력했는데 나도 친구들도 새를 잡지도 못했고, 새를 잡은 사람도 보지 못했다. 하지만 추억은 남았다. 그래도 될 일을 했다고 볼 수는 없는 것 같다.

인간은 순리에 따라서 행동하고 위에서 말한 삼사의 원리를 존중하며 배려할 때에 자신도 평안하고 다른 사람들도 태평하여 사회가 좋아진다고 한다.

희망을 가진 자는 눈빛이 다르고 생기가 있으며, 과도한 욕심을 가진 자는 얼굴 표정이 정상인에 비하여 일그러진다고 한다. 인간은 사회적 생활을 하도록 되어 있는데 공적인 것을 생각하지 아니하고

사적인 것만을 챙기면 삼사의 원리에 어긋난다고 하니 우리 모두가 더불어 사는 사회가 되도록 하고 하늘과 자연의 이치에 따라서 억지를 버리고 순리를 생활화하여 보다 행복지수가 높아지는 세상이 되었으면 참 좋을 것 같다.

새해에는 이런 사람들이
많아졌으면 좋겠다

　새해 2010년은 경인년(庚寅年) 호랑이띠의 해이다. 호랑이는 동물 중에서 대단한 활기찬 동물의 한 종류로 치고 있다. 우리나라는 예로부터 12간지를 중요시 하면서 한해의 운수를 보는 경향도 있다고 한다.

　이러한 의미와 미래의 한국을 바라볼 때, 새해에는 좋은 사람들이 많이 나타날 것으로 보면서 새해에는 "이런 사람들이 많아 졌으면 좋겠다." 생각을 해 본다.

　사물놀이를 통하여 오케스트라에 버금가는 소리와 화음으로 세계무대에 선풍적인 인기를 모은 김덕수 같은 사람, 프로 선수의 과정도 거치지 않고 메이저 리그에 진출하여 경이적인 상승세를 몰아가며 젊은이에게 꿈을 심어주고, 웬만한 기업가보다 외화를 많이 벌어들여 국가에 기여한 박찬호 같은 사람, 키 163에 몸무게 43키로그

람의 앳되면서 야무진 피겨스케이트 선수로 2006년부터 세계무대에서 피겨스케이트로 명성을 날리고 2009년에는 다섯 번의 세계대회 모두를 1위로 휩쓴 19세의 소녀 김연아 같은 사람, 31세의 나이로 우주여행의 모집공고에 지원하여 6026명과 경쟁하여 당당히 선발 되고, 2008년 4월 8일 두 명의 러시아인과 함께 우주선을 타고 9박 10일간 여행하면서 우주 정거장에 머물 때 2시간 30분 동안 훈민정음 문양이 새겨진 스카프를 두르고 한글을 소개하는 우주 강연과 윤동주의 시 "별을 헤는 밤"을 낭송한 후 복주머니에서 글자를 하나씩 꺼내 "아이 러브 코리아" "가자 우주로 미래로" 라는 문구를 펼쳐 만든 뒤 큰 목소리로 외치고 한국 여성의 능력을 세계에 알리면서 한국을 알리고 미래의 우주인이 될 사람들에게 100회 이상 강연을 하고 있는 이소연 같은 사람, 2009년 91회 미국 프로골프 투어에서 골프 황제 타이거 우즈를 물리치고 우승한 양영은 같은 사람, 골프에서 박세리, 신지애, 최경주 같은 사람들, 축구의 박지성, 야구의 이승엽 같은 사람, 천상의 목소리를 소유하고 세계에 명성을 날리는 가수 조수미 같은 사람, 드라마 "대장금"을 만들고 이영애를 스타로 만들며 한류 열풍을 일으킨 스텝들 같은 사람들, 드라마 "겨울 연가"를 만들고 배용준과 최지우를 더욱 유명하게 하면서 "욘사마"를 만들어 내어 한류 열풍을 일으킨 사람들, 여자의 힘으로 세계를 들어 올린 장미란 같은 사람, 반도체 메모리칩에 있어서 플래시 메모리의 단위를 6개월 단위로 높여간 삼성의 전 기술사장 황창규씨의 성을 따서 세계가 공인하는 "황의법칙"을 만들어 냈는데 이런 기술을 현실화 하는 사람들, 그리고 앞으로 석유와 가스가 아닌 연료를 개발하는 우리나라 사람, 환경을 최대로 살리는 획기적인 방법을 창출하는 사람, 경제를 선진화 하되 빈부 격차를 줄일 수 있는 사람, 자연과 물을 잘 이용할 수 있는 방법을 연구하여 실천토록 할 수 있는 사람, 땅은 우리 것이 아니로되 문화와 경제는 우리나라가 지배할 수 있는 날이 온다는데 이런 것들을 잘 추진할 사람들과 같이 열거하기에는 끝이 없지만, 우리나라 사람들 모두가 생각이 유연하여 새로운 것이 보이도록 하는데 기여할 사람들이 많아 졌으면 참 좋겠다.

새해에는 모두의 희망이 이루어지기를 기대 하면서.

생각과 행동의 힘

　　소설 대지의 작가로 유명한 펄벅(1892-1973)여사는 "살아있는 갈대"라는 소설에서 "한국은 고상한 사람들이 살고 있는 보석 같은 나라"라고 했다. 그래서 많은 사람들이 한국을 배우려 하는가 하면 아주 한국을 지배해 보려는 못된 나라들이 있는 지도 모른다.

　　나를 포함한 한국 사람들은 생각을 좀 고루하게 한다고 느끼는 경우도 있다. 단순하다고 할 경우도 있으니 예를 들면 어느 젊은이가 몇 길 낭떠러지로 떨어지다 간신히 나뭇가지 하나를 부여잡고 매달려서 계속 울고 있는데 지나가던 사람이 "왜 울고 있느냐?" 묻자 "저 위의 절벽에서 잘못하여 떨어졌는데 도중에 겨우 이 나뭇가지를 잡았고 두 시간이 지나고 있지만 도저히 지탱하기가 어려워 웁니다. 살려주세요"라고 한다. 길손은 젊은이에게 "나무 가지를 잡은 손을 놓으라" 했다.

그러자 "나를 죽일 셈이냐?"고 성질을 내는데 "손을 놓으면 살 수 있다"고 하자 결국 죽을 몸이라 생각하면서 손을 놓으니 겨우 한 자 밑에 땅이 있었다. 살아난 것이다. 떨어지면 죽는다는 생각만이 전부였기에 일어난 해프닝이다. 위기를 극복한다는 마음의 자세와 행동이 필요했던 것을 걱정만 한 것이다. 과감한 행동은 자신을 살리는 좋은 힘인데 너무 단순했다.

다음의 예는 어느 마을 앞 큰 길 네거리에서 한 젊은이가 서럽게 울고 있다. 지나가는 현인이 "왜 우느냐?"고 묻는다. 젊은이 왈 "나는 평생을 소경(장님)으로 살다가 하느님 덕분에 한 시간 전에 눈을 뜨게 되어 밝은 세상을 보게 되었는데 세상은 눈이 부시고 나는 집에 가야 하는데 어디로 가야 할지를 몰라서 울고 있습니다." 라고 한다. 현인은 눈뜬장님에게 "다시 눈을 감아 보라"고 했다.

눈을 감으니 볼 수 없던 길이 보여 집으로 가는 길을 찾아낼 수 있었다. 웃으며 고맙다는 인사를 하고 집으로 간다. 우리네 보통 사람도 눈을 감고 생각에 잠겨 마음으로 보면 정말 더 선명하게 잘 보이는 경우가 있다. 하지만 한 순간 생각이 잘 안되어 고생을 많이 하는 경우도 있다.

마케토니아 알렉산더는 고르세움의 풀리지 않는 매듭이 있는데 이 매듭을 푸는 사람은 대제국을 건설할 것이라면서 묘수를 찾고 있는 사람들을 보고는 단칼에 매듭을 잘라 버렸단다. 안 풀리면 잘라

서라도 푼 것이다. 그래서 대제국을 건설 했는지도 모른다.

　콜럼버스는 어려운 항해 끝에 신대륙을 발견하고 많은 사람들에게 새로운 땅을 발견했다고 자랑하자 믿는 사람이 없었다고 한다. 그래서 탁자위에 계란을 올려놓고 "이 계란을 바르게 세워 보라. 그러면 당신들의 말이 옳다고 하겠다"라고 했다. 하지만 아무도 계란을 바르게 세우지 못한다. 이 때 콜럼버스는 계란을 탁자위에 힘껏 치니 밑 부분이 깨지면서 바로 세워졌다. 사람들은 "그렇게 하면 누구도 세울 수 있다."라고 말했지만 못 세운 것은 사실이다. 결국 신대륙 발견이 인정된 것이다. 생각과 행동은 경우에 따라 큰 힘이 된다는 사례다.

　우리나라의 경제 건설에 크게 기여한 정주영 현대그룹 회장의 이야기다.
　무엇을 하자고 하면 안 된다고 한다. 그래서 그의 유명한 말 중에 "해 보기나 했나?" 라는 말이 있다. 모든 사람들이 "안 될 일을 왜 하느냐?"고 하지만 이루어 내는 분이 정주영 회장님 이었다.
　이 분은 부산의 미군부대 광장에 본토의 중요한 분이 오시는데 광장을 푸르게 만들어 달라는 주문을 하자 돈만 충분히 주면 할 수 있다고 했다. 때는 늦은 가을 어떻게 그 넓은 광장을 푸르게 할 수 있다는 말인가.

하지만 그는 간부들을 모아 놓고 근처의 보리밭과 밀밭을 달라는 값을 주고 모두 사란다. 그리고 구입한 보리와 밀의 싹을 모두 뽑아서 광장에 심고 물을 주니 아주 멋있는 푸른 광장이 되었다고 한다. 이 공사로 미국 사람들의 신뢰를 얻고 많은 돈을 벌었다는 일화도 있다.

엉뚱한 것 같지만 생각과 행동은 결국 새로운 세상을 만든다. 고루한 생각은 고루한 행동이 되어 울고불고 하지만, 기발한 생각과 행동은 새로운 힘으로 발전한다는 예 이기도하다. 에디슨도 그랬단다. 1%의 아이디어와 99%의 실천하는 땀으로 세상이 변한다고.

우리나라의 한글을 보자. 세종대왕께서 창제하신 내용이 정확하게 기록되어 있고, 쓰기 쉽고 배우기 쉬운 우리말 한글, 암글이니 언문이니 하면서 사용이 일반화 되지 못하고 450여년을 허송세월하고 문맹률이 높은 민족으로 살아오다가 미국인들의 아이디어와 도움으로 고종황제 시절에야 국어로 선포하게 되었디고 한다. 훈민성음 외에 정확한 이름도 없이 가갸글 등으로 불리다, 서재필 박사가 미국에서 돌아와 한글판 독립신문을 만들어 배포하고 이 신문사에 아르바이트 생활을 하던 주시경 선생을 비롯한 한글 학자들이 수많은 이름들 중에서 한글이라고 정식 명칭을 정하고 한글로 교과서가 되고 발전할 때까지 또 50여년이 흘렀다. 좋은 생각과 창제의 정신이 조선의 모든 국민에게 일찍이 전파 되었더라면 우리나라는 정말로 고상한 나라가 되었을 것이다.

특히 한글은 타자와 컴퓨터 그리고 전화기 등에 사용함에 따라 세계에서 선두에선 아이티 강국으로 발전하는데도 크게 기여한 문자라고 확신한다.

펄벅이 말 한대로 고상한 사람들이 살고 있는 보석 같은 나라 한국은 국민들이 과하게 싸우거나 다투지 말고 뭉치고 정치 등에 생각과 힘이 잘 발전되어 경제적으로, 과학적으로, 인문학적으로 힘이 모아져 정말 보석 같은 나라가 되기를 희망한다.

이제 우리는 자신을 비우고 너무 걱정하지 말아야 한다. 자신을 비우는 방법을 알려준 감명스런 예를 들어본다.
어느 절의 노 주지스님이 동자승에게 절 마당에 서라고 하고는 동자승을 중심으로 크게 원을 그려 놓고 이 원 밖으로 나가면 이 절에서 쫓겨날 것이라고 말한 후 절 밖으로 나갔다.
동자승은 한참을 동그라미 안에서 고민하다가 벌떡 일어나 빗자루를 가져다 주지스님이 그린 원을 쓸어서 지워버렸다. 어떻게 하면 원 밖으로 나갈까? 하는 인생의 고민 즉 백팔번뇌를 해결하는 방법을 찾은 것이다. 이렇게 생각을 바꾸고 실천하는 힘이 장차 올 미래의 등불이라는 생각을 하면 분명 우리나라가 세계에서 가장 보석 같은 나라가 되리라는 확신을 가져 본다. 이 나라에 좋은 생각과 정확하고 시기에 맞는 행동으로 큰 힘이 계속 하기를 빌면서.

소통합시다

소통은 흑백논리가 아니라 긍정의 가치인 것 같다.
소통은 혼자가 아니며, 그 이상의 사이에 이루어지는 관계이다.

공자는 소통에 대한 설명을 하기 위하여 두 시간을 계속 "소통이란?" 말을 했다고 한다. 그러니 듣는 제자로서 얼마나 답답했을까? 듣다 답답한 마음에 "선생님! 소통이란 무엇이기에 그 긴 시간을 "소통이란? 말만 하십니까?" 하고 물었답니다. 그러자 공자는 "네가 지금 나에게 질문하는 것이 소통이다." 라면서 "소통은 혼자 하는 것이 아닌데 지금 것 네 말을 기다린 것은 소통을 기다린 것이다." 라고 하더랍니다.

소통이란 혼자서 하는 것이 아니고 상대가 있어야 하며 상대는 사람일 수도 있고, 동물일 수도 있으며, 다른 어떤 것일 수도 있다고 생각한다. 하지만 소통은 "너는 너, 나는 나" 해버리면 어려운 지경으로 갈 수 밖에 없다는 전제하에 "너도 나, 나도 너"라는 공통분모를 찾는 과정이라고 볼 수 있다.

　이 이야기가 타당 할지 모르지만 적어 보고자 한다.
　한참 전쟁이 끝나고 나라가 정리되지 않은 상태에서 낙오된, 병사 일곱 명이 한 조그마한 마을을 지나는데, 배에서는 시장기를 알리고 어느 집에 가서 밥을 얻어먹을 처지도 안 되어 고민하던 중, 한 병사의 생각으로 밥을 먹은 이야기로, 촌장을 찾아가 큰 가마솥을 빌리는데 "무엇을 하려고 솥을 빌리느냐?" 는 촌장의 물음에 "배가 고파 돌 국을 끓이려 합니다." 하고 큰 솥을 빌려 마을 앞 냇가에 가서 솥을 걸고 작은 돌을 깨끗이 씻어서 솥에 넣고 주변에서 나무를 구하여 끓이기 시작합니다. 이때 마을 사람들이 이들의 행동을 의아하게 생각하며 모여 들었는데, 한 병사가 농담 같이 "우리 할머니는 돌 국에는 감자를 넣어야 제 맛이라고 하셨는데"하며 불을 때자 어린 아이를 업은 한 부인이 슬그머니 사라지더니, 감자를 가져 왔습니다. 또 한 병사가 "우리 엄마는 돌 국에는 된장과 고추장이 들어가면 좋다고 했는데." 하자 부인 두 명이 된장과 고추장을 가져 왔으며, 또 한 병사가 우리 이모는 돌 국에는 파와 마늘이 들어가면 금상첨화라고 했는데" 하니 어느 분이 파와 마늘을 가져오고, 그러다 보니 보리쌀을 가져오는 아주머니들도 있어서, 그 큰 솥에 맛있는 돌죽이 가득해졌고, 촌장께 부탁하여 그릇까지 빌려서 촌장님 먼저 맛보시라 드리고, 아주머니 등 마을 분들에게 모두 드린 뒤에 병사들도 맛있게 먹었다는 일화는 강제가 아닌 소통으로 이루어진 미담으로 남을 것 같다. 소통은 이심전심이요 마음으로 통해야 좋은 세상이 되는 것 같다.

　방금 생각난 이야기 같은데 여러 해가 되었지만, 현재 우리 농진회 중앙회장으로 활동하시는 정무남 회장님의 활동을 예로 들고자 한다.
　충남 농진회 연시 총회를 할 때면 오셔서 축사를 하시기 전에 세배 올린다며 바닥에서 큰 절을 하시고 이야기로 이어가는 경우를 몇 번 보았다. 농촌진흥청장을 역임하시고 대전의 모 대학 최고 책임을 맡고 계신 분이 농진회원들에게 큰절부터 하시고 대화 하자고 하는 경우는 정말 민주주의 표본이며 소통의 시작이라고 보아 대단하다고 느꼈다.

　소통은 나를 조금 편하게 보도록 하고 상대방의 공감을 얻어가는 과정이라고 볼 경우 얼마나 좋은 소통의 자세인가 생각해 본 적이 있다. 이런 말이 있다. "밉게 보면 잡초 아닌 게 없고, 곱게 보면 꽃 아닌 사람이 없으되, 그대를 꽃으로 볼 일이다." 이렇게 생각되면 소통은 자연스럽게 이루어지리라 본다.

　칭찬하면 물의 결정도 선명해지고, 좋은 소리를 들려주면 하우스 속의 식물도 웃으며 잘 자라고, 강아지도 소통이 되면 꼬리를 흔

든다. 소통은 나를 우선하면 이루어지는데 지장을 받는다. 조금이라도 양보하고 이해하도록 하는 것이 소통이라고 본다.

과거의 리더쉽을 명령, 통제, 지휘라고 한다면, 현재의 리더쉽은 소통, 공유, 개방 이라고 할진데, 조금 양보하고 소통이 잘되어 세상을 덜 복잡하게 하려는 사람들이 많아지면 참 좋겠다.

안 해도 될 말이지만 어느 노인이 점심 드신 이야기를 하시는데 "밥값이야 내가 냈지만 같이 앉아 밥을 먹어준 그 사람이 얼마나 고마운지" 하시더란다.

편집후기

　김태권 선생의 에세이집 "쓰다 보다 말하다"는 21세기를 살고 있는 현대인들이 소홀하거나 놓치고 있는 가장 기본적인 것들에 대한 가치를 조명해 준다. 쓰고 보고 말한다는 행위는 커뮤니케이션 즉, 대화의 가장 기본적인 항목이다. 쓰고 보고 말한다는 행위는 내가 본 사실에 대한 대답을 의미한다. 인간 행위의 가장 기초적인 단위는 내 앞에 일어나는 일들에 대한 반응으로 나타난다. 사람과 사람 간의 일들, 자연과 사물과의 일들, 단체와 나와의 일들 등 무수한 관계 속에서 살아가는 삶에 대한 꾸준한 반응의 결과가 쓰고 보고 말하는 행위인 것이다.

　현대사회는 고도의 속도와 정보화로 점철되는 사회를 경험하고 있다. 지구 반대편의 일을 실시간으로 체험하면서 실시간으로 화상통화를 통해 서로의 이야기를 나누는가 하면 다변화되는 다양한 갈래의 사건과 정보 속에서 빠르게 대처하기 위하여 숨막히는 시간 들에 초집중을 해야하는 시대를 겪고 있다. 더불어 생각하고 판단해야 할 것들이 너무도 많고 복잡하기까지 하여 그 상황을 고르게 이해하기 위해 신경쇠약에 걸릴 정도의 밀도의 세상을 경험하고 있다.

　　이러한 초고속사회, 고밀도사회를 살아가면서 인간은 템포를 잃어버린다. 여기서 템포란 심장의 박동수와 같다. 인간은 유기체이고 심장의 박동수에 따라 살아간다. 갓 태어난 어린아이의 심장은 빠른 박자로 뛰면서 살아 있음을 느끼게 한다. 이 심장의 박동수는 혈관을 타고 흐르는 생명의 근원인 피의 흐름을 제어한다. 심장의 펌프질이 느려진다면 인간은 노쇠해질 것이고 심장이 멈추는 순간 인간의 생명시간은 멈추게 된다. 이러한 박동수는 음악의 비트와 연관된다. 래퍼들이 부르는 빠른 박자의 음악을 젊은이들이 반응하는 이유는 그만큼 혈기 왕성한 박동수를 갖고 있기 때문이다. 반면 클래식한 느린 템포의 음악을 들을 때 살짝 졸음을 느끼는 것은 나의 박동수가 편안함을 느끼는 이유이다.

　　인간은 이런 반응의 유기체로 살아왔고 살아가지만 많은 부분 자신의 템포를 잃어버린 채 살고 있다. 가장 큰 이유는 환경과 상황에 있다. 인간마다 조금은 다른 심장의 박동수를 가지고 있지만 세상은 늘 한결같은 템포를 요구하기 때문이다. 직장에서는 성과를 위한 템포를 요구하고 또래 집단 안에서는 집단의 템포에 맞추라고 강요한다. 가족 안에서도 서로 다른 템포를 이해하고 인정하기보다는 서로가 원하는 템포를 강조하는 경우가 많다. 아이에게 부모의 템포를 요구하기도 하며 아내나 남편에게도 그러하다.

현대인들은 박동수로 점철되는 인간의 호흡과 박자의 근원이 바로 생명임을 잊어버린 채 사는 경향이 있다. 하늘은 늘 머리 위에 있지만 하늘을 올려다 볼 겨를 없이 사는 것처럼, 또는, 산소는 공기 중에 있지만 그 소중함을 잊고 사는 것처럼 인간의 생명의 근원인 심장의 박동수를 당연한 듯 잊고 사는 것이 지금 현대인의 모습이다.

김태권 선생의 에세이집 "쓰다 보다 말하다"는 일상의 삶 속에서 사람이 가장 기본적으로 해야 하는 태도를 말해준다. 사물과 사건을 봄으로써 그에 대한 생각을 얻는다. 많은 이들이 보지만 그것을 생각으로 담지 않고 흘려 보내지만 작가는 그 상황을 작가의 생각이라는 그릇 안에 담는다. 본다는 행위는 생각의 그릇에 담아 충분히 숙성시키는 작업이다. 그리고 그렇게 숙성된 생각을 전하는 행위가 '말하다'이다. 말이라는 것은 같은 말이어도 어떻게 말하느냐에 따라 상대방이 다르게 받아들이기에 충분히 숙성된 생각의 그릇에서 조심스럽게 꺼낸 말은 상대방에게 평안과 공감을 불러일으켜 준다. '쓰다'라는 행위는 이렇게 생각의 그릇에서 숙성되어 도출된 말을 저장하는 장치이다. 저장은 불필요한 요소를 걸러내고 고르게 양념 된 상태로 저장됨으로 시간을 두고 곱씹으며 그 맛과 향을 느끼게 하는 방법이다. 그것이 작가적 견해이며 글의 힘이다.

김태권 선생의 글은 사람이 사람으로 살아가면서 갖춰야 할 기본적인 소통과 나눔의 방식과 태도를 가장 친근한 삶의 자리에서 보고 말하고 쓰는 행위를 통해 전달하고 있다. 선생의 꾸준한 사유와 소통의 방식을 보면서 삶이란 동네 어귀에서 재잘거리는 아이들처럼 재밋는 놀이구나 하는 생각을 갖게 한다. 세상을 경쟁과 갈등의 대상으로만 여겨왔을지도 모르는 현대인들에게 작가는 일상의 작은 가치들이 어떻게 내 삶을 윤택하게 이끌고 있는지를 보고 말하고 쓰는 행동으로 보여준다. 오래전 고 김수영 시인이 시는 몸으로 쓰는 것이라 말했듯이 김태권 선생의 글은 내 이웃한 어르신께서 하루하루 참 예쁜 수고로 삶을 영글게 하는 귀감을 삼게 된다. 책장을 넘기며 다음 이야기가 무엇일까 궁금하게 하는 고향집 할아버지의 덕담 같은 이야기를 통해 내가 잊고 살았던 심장과 맥박 그리고 나를 재발견하는 계기가 함께 할 수 있었다. 글은 보고 말하고 씀으로 이루어져서 세상에 나타나고 글의 힘은 공감의 울림으로 전파된다. 그 공감의 끄덕임을 이끄는 김태권 선생의 지혜에 감사의 마음을 전한다.

23년 가을에 문턱에서 김대석

쓰다 보다 말하다

초판 1쇄 2023년 10월 30일

지은이   김태권
펴낸이   김대석
펴낸곳   (주)상상아이앤씨
출판등록 2020-000006
주소   서울시 강남구 청담동 37-2 A동 B101호
전화   02.6052.0111
이메일   sangsang1210@naver.com

ISBN   979-11-969930-1-6

* 이 책은 저작권법에 따라 보호받는 저작물이므로 무단 전재와 무단 복제를 금지하며, 이 책 내용의 전부 또는 일부를 이용하려면 반드시 저작권자와 상상의 서면 동의를 받아야 합니다.